Heike Schmidt-Röger

Hamster

65 Farbfotos
12 Zeichnungen

Ulmer

Inhalt

Vorwort

Haben Sie schon mal in die schwarzen Knopfaugen eines Hamsters geschaut? Haben Sie gesehen, wie das Näschen wackelt, wenn es einen unwiderstehlichen Duft wahrgenommen hat? Hatten Sie die Gelegenheit, einen verschlafenen Hamster mit seinen zusammengefalteten Ohren bei der Abendtoilette zu beobachten, während er mit seinen Pfötchen eifrig über das Gesicht huscht?

Dann wissen Sie, warum diese Kerlchen zu den beliebtesten Heimtieren gehören. Sollten Sie aber das Vergnügen noch nicht gehabt haben, kann ich Ihnen nur empfehlen, einen genaueren Blick auf die quirligen Nager zu riskieren. Doch Vorsicht: Ihr Charme ist unwiderstehlich und mit ihrem Kullerblick werden sie schon bald Ihr Herz erobert haben.

Sie werden verstehen, warum vielleicht Ihre Kinder Sie mit unermüdlicher Energie und Ausdauer davon zu überzeugen versuchen, dass ein Goldie unbedingt zur "Grundausstattung" im Kinderzimmer gehört. Seit den 50er und 60er Jahren des vergangenen Jahrhunderts ist dies schon viele Millionen Mal passiert.

Wenn Sie sich auf das Abenteuer Hamster einlassen, sei es, weil Sie selbst Freude an den aufgeweckten Gesellen haben oder es gemeinsam mit Ihren Kindern erleben wollen, steht Ihnen eine spannende Zeit bevor. Sie haben dann die schöne Möglichkeit, Ihren kleinen Untermieter bei seinen aufregenden Unternehmungen zu beobachten und werden ganz schnell feststellen, dass unter dem hübschen Pelz noch viel von den wild lebenden Verwandten und eine Persönlichkeit steckt, die genau weiß, was sie will. Dazu gehören vor allem gesundes Futter, ein großes Gehege und viele Beschäftigungsmöglichkeiten. Wenn Sie ihm das bieten, wird er Ihnen mit tollen Einblicken in den Hamsteralltag und vielen interessanten Verhaltensweisen dafür danken und sie an seinem Leben teilhaben lassen.

Angeleitet von Ihren Eltern, können gerade Kinder dabei viel lernen. Die Beobachtungsgabe wird geschärft, Verantwortung und Sensibilität werden gefordert und es wachsen das Verständnis und die Toleranz für fremde Bedürfnisse.

Lassen Sie sich von mir einladen, den kleinen Nager kennen zu lernen. Erfahren Sie, wie Sie den geeigneten Untermieter auswählen und es ihm durch optimale Haltung ermöglichen, seine Verhaltensweisen in typischer Hamstermanier auszuleben – in einem großen und abwechslungsreich eingerichteten Gehege. Sie werden völlig neue, überraschende Seiten an Ihrem Hamster als Heimtier entdecken, die nicht nur Kinder faszinieren, sondern auch Sie begeistern.

Hamminkeln, im Herbst 2004
Heike Schmidt-Röger

Was ist ein Hamster?

Eifrig wuselt ein Nager durch die Wiese, sammelt schmackhafte Samen, sucht nach Nüssen, stopft seine Schätze in seine Backentaschen und trägt sie zu seinem Bau.

So könnte es sich schon vor siebzehn Millionen in Garzweiler zugetragen haben, wie jüngste Funde belegen. Dort haben Wissenschaftler der Universität Bonn in den Tagebaugebieten 1800 fossile Nüsse ausgegraben, die Rückschlüsse auf den dazugehörigen Bau samt Gängen zulassen. Gesammelt wurden die Vorräte mit Sicherheit von einem Nagetier, am wahrscheinlichsten von einem frühen Vorgänger der großen Hamster. Dieser hätte dann die älteste, bisher entdeckte Speisekammer der Welt angelegt.

Auch die heute lebenden Verwandten dieses „Pioniers" aus dem Miozän legen Vorräte an und wappnen sich für schlechte Zeiten, der Begriff „hamstern" steht für vorbildliche Vorratshaltung. Es gibt etwa 20 Arten, vom großen heimischen Feldhamster über den beliebten Goldhamster bis hin zum winzigen, in der Mongolei beheimateten Roborowski-Zwerghamster – und sie alle besitzen ein faszinierendes Verhaltensrepertoire.

Kleine Hamster-Geschichte

Goldhamster wurden erstmals 1839 von George Waterhouse, dem Kurator der Londoner Zoologischen Gesellschaft, wissenschaftlich beschrieben. Das wohl wichtigste Datum in der Hamstergeschichte war der 12. April 1930, als unter der Leitung von Professor Israel Aharoni von der Universität Jerusalem in der Nähe von Aleppo ein Goldhamsterbau ausgegraben wurde, in dem eine Hamstermutter und ihre elf Jungen lebten. Zehn Kinder überlebten dank der mühevollen Päppelei von Frau Aharoni. Eines der Kleinen büxte aus und die restlichen neun wurden nach Jerusalem geschickt. Auch von diesen haben fünf das Weite gesucht, doch die verbliebenen drei Männchen und das eine Weibchen vermehrten sich rasch. Ihre zahlreichen Abkömmlinge wurden als Labor-Versuchstiere unter anderem in Frankreich, England und den USA eingesetzt und erst später als Heimtiere populär. 1948 wurden deren Nachkommen erstmals in Deutschland eingeführt. Obwohl es immer wieder Wildfänge gab, sind die vier Tiere des Professor Aharoni die Stammeltern aller heute als Heimtier gehaltenen Goldhamster. Professor Dr. Rolf Gattermann, Zoologe an der Universität Halle und der in Deutschland führende Wissenschaftler auf dem Gebiet der Verhaltensbiologie von Hamstern, schätzt

Rechte Seite: Hamster faszinieren durch ihr interessantes Verhalten und ihre Persönlichkeit.

den weltweiten Bestand gegenwärtig auf sieben bis acht Millionen Tiere.

Auch die Geschichte der verschiedenen Zwerghamster begann meist im Labor, bevor sie als Heimtiere entdeckt wurden. Der Dsungarische Zwerghamster wurde bereits 1773 das erste Mal beschrieben, als „Kindertier“ kamen er und seine Kollegen erst später als der Goldhamster in Mode.

Verschiedene Arten und Rassen

Begeben Sie sich auf eine kleine „Reise“ und erfahren Sie mehr über die Herkunft und Lebensweise der beliebten Nager. Ich möchte mich auf die Hamster beschränken, die am häufigsten bei uns als Heimtier Einzug gehalten haben.

Diskussionsstoff

Hamster ist nicht gleich Hamster und über die korrekte zoologische Einteilung einiger Arten und Unterarten wird unter Fachleuten immer noch eifrig diskutiert.

Goldhamster

Verbreitungsgebiet: Der Hamster, der es als Heimtier zu millionenfacher Beliebtheit geschafft hat, ist der Vertreter seiner Gattung mit dem kleinsten Verbreitungsgebiet – kleiner als Sachsen-Anhalt. Er ist nur auf einer Hochebene in der Nähe von Aleppo in Syrien zu finden.

Lebensweise: Goldhamster sind absolute Einzelgänger, die sich nur zur Paarung mit Artgenossen treffen. Vor den kalten Wintermonaten in ihrer Heimat schützen Sie sich, indem sie

Typischer Goldhamsterbau mit Vorrats-, Schlaf- und Toilettenkammer und einer Öffnung, die verschlossen wird, wenn der Nager „an Bord“ ist.

Baue mit Schlaf- und Vorratskammer sowie „Toilette“ etwa einen Meter tief unter der Erde graben und dort die Wintermonate verschlafen (Seite 32). Die Körpertemperatur wird dabei auf + 4 °C gesenkt und alle vier bis sechs Tage wachen die Tiere auf, stärken sich an ihren Vorräten aus Getreide und getrockneten Früchten, um dann wieder zu schlafen. In der wärmeren Jahreszeit lassen sich die dämmerungs- und nachtaktiven Tiere bei der etwa drei Stunden dauernden Futtersuche auch frische Kräuter und Insekten schmecken. Jahrelang galt der Goldie als verschollen, bis 1997 und 1999 Professor Dr. Rolf Gattermann von seinen Syrien-Expeditionen 19 Wildfänge mit nach Deutschland bringen konnte. Bei Vergleichen mit anderen Laborhamstern konnten keine signifikanten Unterschiede bezüglich des Körperbaus

Oben: Der einzige bei uns wild lebende Hamster ist der hübsche Feldhamster. Lange Zeit galt er als Ernteschädling, heute wird er streng geschützt.

Links: Neben seiner Wildzeichnung gibt es den Goldhamster in zahlreichen Farben, Zeichnungen und Fellstrukturen.

und Wachstums festgestellt werden. Dies ist schon sehr erstaunlich, da alle bisher hier gehaltenen Tiere doch von jenen Hamstern abstammen, die 1930 gefangen wurden. Der Bestand frei lebender Goldhamster wird von dem Wissenschaftler nur noch auf 50.000 bis 200.000 Tiere geschätzt und ist somit vom Aussterben bedroht.

Aussehen: Kein anderer Hamster bringt es auf so viele Farb- und Fellvariationen wie der Goldie und seine klassische Wildfarbe mit der schönen Zeichnung aus Rot, Weiß und Schwarz ist inzwischen manchmal sogar schwer zu bekommen. Es gibt sie einfarbig, z. B. in schwarz, weiß, creme, schoko, grau und vielen Variationen davon, mit schwarzen oder roten Augen und alle diese Farben können als Scheckung auftreten. Im Zoofachhandel werden neben den kurzhaarigen Tieren häufig Langhaarhamster angeboten, auch Teddy oder Angora genannt. Seltener zu bekommen sind Hamster mit dem gekräuselten Rexfell. Dann gibt es noch Hamster mit Satinfell, egal welche Länge oder Farbe das Fell hat, die Haare haben dann einen besonders glänzenden Schimmer. Alle Goldhamster haben ein 1 bis 1,5 cm langes Schwänzchen.

Es ist immer wieder zu lesen, dass die Langhaarhamster friedlicher und die Schecken aggressiver sein sollen. In Einzelfällen mag das stimmen, doch durch die Vermischung der Rassen dürften sich diese Verhaltensunterschiede inzwischen aufgehoben haben. Für das Verhalten eines Hamsters ist es viel wichtiger, ob er seinen natürlichen Bedürfnissen entsprechend behandelt und gehalten wird.

Besonderes Merkmal des Chinesischen Streifenhamsters ist sein relativ langer Schwanz. So viel Futter darf er aber nicht haben, eine Rosine reicht!

Chinesischer Streifenhamster

Verbreitungsgebiet: Halbwüsten und Steppen Chinas und der Mongolei.

Lebensweise: Der Streifenhamster ist der Kletterkünstler unter den Hamstern und mit seinem 20 bis 25 mm langen Schwänzchen kann er prima balancieren und sich abstützen. Die Tiere führen ein Single-Leben und treffen sich nur für den kurzen Zeitraum während der Paarung, dann gehen sie wieder getrennte Wege. Winterschlaf halten sie nicht und sie graben auch keine Baue mit mehreren Kammern, sondern einfache Röhren. Kleine Sämereien, Kräuter und Insekten stehen auf ihrem Speisezettel. Mit Menschen schließen sie in der Regel schnell Freundschaft, sodass sie sich aus der Hand füttern lassen.

Aussehen: Der Streifenhamster unterscheidet sich nicht nur in seiner Lebensweise von den anderen bei uns hauptsächlich gehaltenen Zwerghamstern, sondern auch in seinem Aussehen. Er wirkt nicht so gedrungen und macht insgesamt einen eher mausähnlichen Eindruck. Sein Fell ist an der Oberseite graubraun,

Links: Dsungarische Zwerghamster gibt es in vielen Farbvarianten. Hier die Wildfarbe und als neuste Züchtung ein Schecke (rechts).

Rechts: Er sieht dem Dsungaren sehr ähnlich, doch beim Campbell Zwerghamster geht die Fellfarbe mehr ins Bräunliche. Dieser hat aber viel zu viel Futter.

an der Unterseite und den Pfötchen weiß. Farbvariationen sind bisher noch nicht aufgetreten.

Dsungarischer Zwerghamster

Verbreitungsgebiet: Südwest-Sibirien und Ost-Kasachstan.
Lebensweise: Dsungaren leben meist paarweise oder einzeln. Während des kalten Winters können sie Gruppen bilden. Sie ernähren sich von Kleinsämereien, Kräutern und Insekten und sammeln Vorräte. Im Gegensatz zu den meisten anderen Hamstern lassen sich die Dsungaren manchmal auch tagsüber im Käfig blicken, sind also nicht nur an die Aktivitätszeiten abends und nachts ausgerichtet. Menschen gegenüber sind sie freundliche Kerlchen, die recht schnell zutraulich werden.
Aussehen: Das graubraune Fell ist an der Unterseite weiß, manchmal mit einem gräulichen Einstich. Bei einigen Tieren färbt sich das Fell im Winter hell, andere haben von Natur aus ein helleres Outfit. Typisch sind der schwarze Aalstrich und die dunklen Ränder auf dem Rücken. Die Pfoten und das kaum sichtbare kurze Schwänzchen sind weiß. Die kleinen Füßchen sind selbst an den Sohlen behaart.

Als Farbvarianten gibt es das helle Pearl und das blaugraue Saphir, seit kurzer Zeit gibt es auch gescheckte Tiere.

Dsungaren besitzen keine Flanken-, sondern nur eine Bauchdrüse, die bei den Böckchen sehr ausgeprägt ist (Seite 14).

Campbell Zwerghamster

Verbreitungsgebiet: Regionen Chinas und der Mongolei in Steppen und Halbwüsten.
Lebensweise: In ihrer Heimat leben die Campbells meist als Paar zusammen, können aber auch Gruppen bilden oder allein unterwegs sein. Wie bei den Dsungaren gestaltet sich das Zusammenleben von mehreren Tieren meist so lange friedlich, wie genügend Platz vorhanden ist, um sich auch einmal aus dem Weg zu gehen und sich bei einem Angriff eines Artgenossen zu verstecken. Campbells ernähren sich ebenfalls von Kleinsämereien, Kräutern und Insekten. Gegenüber Menschen ist der Campbell freundlich und wird relativ schnell zahm.

Aussehen: Campbell-Zwerghamster werden oft mit Dsungaren verwechselt, ein gutes Unterscheidungsmerkmal ist das „Milchschnäuzchen" der Campbells, ein weißes Bärtchen um die kleine Schnauze. Die Körperoberseite ist gelbbraun gefärbt und trägt einen braunen Aalstrich. Zeichnung von Rücken und Bauch sind klar abgegrenzt. Bauch, Schwänzchen und Füßchen sind weiß, die Fußsohlen behaart.

Beim Campbell gibt es bereits viele Farbvarianten, z. B. das helle Opal, das beigefarbene Argente (auch mit roten Augen möglich), schwarze, blaue (graue), schokoladenfarbene und auch Albinotiere. Mit allen Farben sind Scheckungen möglich und so gibt es sogar Campbells im Dalmatiner-Look. Die Satin-Fellvariante kann ebenfalls bei allen Farben vorkommen und hat längeres, glänzendes Fell, das für die Tiere aber nicht unproblematisch bei der Körperpflege ist.

Roborowski Zwerghamster

Verbreitungsgebiet: Wüsten- und Halbwüstengebiete der Mongolei mit angrenzenden Gebieten Chinas und Kasachstans.

Lebensweise: Die kleinsten aller Hamster fühlen sich in sandigem Lebensraum wohl und leben paarweise zusammen. Kleinsämereien, Kräuter und Insekten gehören auch zu ihrem Speiseplan. Das karge Nahrungsangebot in ihrem Verbreitungsgebiet macht es notwendig, dass sie zur Futtersuche lange Strecken in Kauf nehmen müssen. Die dämmerungs- und nachtaktiven Winzlinge sind quirlige Tierchen, die sich nicht so gut wie Dsungaren und Campbells mit dem Menschen anfreunden und lieber eigene Wege gehen.

Aussehen: Sie besitzen behaarte Fußsohlen und die Körperoberseite ist hellbraun, der Bauch, Pfötchen und das kurze Schwänzchen sind weiß. Inzwischen gibt es auch hellere Farbvarianten des Robos.

Die wieselflinken Roborowski Zwerghamster sind für Kinder weniger geeignet.

Kleine Hamster-Kunde

Sinnesleistungen

Als dämmerungs- und nachtaktive Nager und attraktive Beute für Greifvögel, Raubtiere und Reptilien mussten Hamster Fähigkeiten entwickeln, die ihr Überleben in einer oft feindlichen Umgebung sichern. Diese Verhaltensweisen haben Sie auch als Heimtier beibehalten.

Augen

Das Sehvermögen ist nicht sehr gut ausgeprägt. Doch die großen Augen sind der Dämmerung angepasst und können auch noch mit wenig Licht relativ gut Bewegungen und Umrisse erkennen und ein breites Sehfeld überblicken. Entfernungen und Tiefen können Hamster nicht gut ab-

Zoologische Einteilung der Hamster

Ordnung: *Rodentia* (Nagetiere)

↓

Familie: *Cricetidae* (Wühler)

↓

Unterfamilie: *Cricetinae* (Hamster)

Gattung:					
Cricetus (Großhamster)	*Mesocricetus* (Mittelhamster)	*Cricetulus* (Zwerghamster)		*Phodopus* (kurzschwänzige Zwerghamster)	
Art:					
Cricetus cricetus (Feldhamster)	*Mesocricetus auratus* (Syrischer Hamster, Goldhamster)	*Cricetulus griseus* (Chinesischer Streifen- oder) Zwerghamster)	*Phodopus sungorus* (Dsungarischer Zwerghamster)	*Phodopus campbelli* (Campbell Zwerghamster)	*Phodopus roborovskii* (Roborowski Zwerghamster)
Größe ohne Schwanz im mm					
200–350	160–190	100–120	80–100	80–95	70–90
Gewicht in g					
200–500	80–160	30–45	35–50	35–50	25–35
Geschlechtsreife etwa ab Lebenstag					
42	28	28	28	28	35
Durchschnittliche Trächtigkeitsdauer in Tagen					
20	16	21	21	21	21
Wurfgröße					
4–12	5–10	2–12	2–10	1–6	1–7

schätzen. Auf helles Tageslicht sind die Augen nicht eingerichtet.

Ohren

Die Ohren sind wie kleine Radarantennen und können für uns nicht hörbare Töne im Ultraschallbereich wahrnehmen. Diese Fähigkeit ist für die Verständigung während der Paarung und mit dem Nachwuchs wichtig, der diese Töne von sich gibt.

Dreifarbige Goldhamster gibt es erst seit kurzem – dieser kleine Kerl hat etwas gehört und stellt deswegen die Ohren auf.

Die feinen Tasthaare an der Schnauze sind für die Orientierung wichtig.

Nase

Der Geruchssinn ist neben dem Tastvermögen der bedeutendste und am besten ausgeprägte Sinn der kleinen flinken Kerlchen. Wenn Ihr Hamster „sichert", sich also aufrecht auf die Hinterbeinchen stellt, können Sie ganz deutlich erkennen, wie das kleine rosa Näschen in Bewegung ist und Gerüche ortet.

Auch bei der Verständigung der Artgenossen untereinander spielt der Geruchssinn eine wichtige Rolle. Die Weibchen verbreiten während der Paarungszeit einen für das andere Geschlecht unwiderstehlichen Duft. Zwerghamster einer Gruppe erkennen sich am Geruch, fremde Artgenossen werden energisch vertrieben. Dieses Schicksal erleiden selbst Tiere, die nur für zwei Tage von den anderen getrennt waren, ihr persönlicher Duft passt nicht mehr dazu. Ihr Hamster erkennt auch Sie an Ihrer ganz eigenen Duftmischung und reagiert sehr sensibel auf strenge oder unbekannte Gerüche. So kann es passieren, dass Sie nicht mehr willkommen sind, wenn Sie ein neues Parfum tragen oder die Seife gewechselt haben.

Auch Reviergrenzen werden mit Duftstoffen aus den Bauch- oder Flankendrüsen (Foto Seite 74) bei den täglichen Kontrollgängen markiert, damit unerwünschte Artgenossen sofort wissen, dass sie fremdes Terrain betreten.

Tastsinn

Dank seiner langen und empfindlichen Tasthaare an der Schnauze können sich Hamster in ihrer Umgebung auch bei völliger Dunkelheit orientieren. Diese Vibrissen verfügen an ihren Wurzeln über ein besonders feines Nervengeflecht. So finden Hamster sich auch in ihrem engen Bau zurecht und können außerhalb selbst den leichtesten Luftzug registrieren.

Sonderausstattung

Die Nager besitzen „Extras“, die sich im Hamster-Alltag als sehr nützlich erweisen.

Backentaschen

Hamster haben ihre „Einkaufstaschen“ immer dabei. Sie müssen nicht zigmal zu ihrem Bau laufen, um ihre gesammelten Schätze sicher zu deponieren, sie stopfen sie kurzerhand in ihre unglaublich dehnbaren Backen. Auch Nistmaterial zur Auspolsterung des Nests wird darin gesammelt und nach Hause geschleppt. Wer einmal einen Hamster mit prall gefüllten Backentaschen gesehen hat, weiß das Wort „Hamsterkäufe“ erst richtig zu deuten. Die Taschen des Goldhamsters besitzen ein Fassungsvermögen von etwa 20 g. Zur Entleerung der Backentaschen streichen Hamster mit den Pfötchen von hinten nach vorn darüber.

Zähne

Hamster zählen zu den Nagetieren und damit ist eine ihrer typischsten Eigenschaften schon beschrieben. Ob Holz oder Plastik, ihre kleinen, kräftigen Zähnchen machen vor nichts halt. Für den richtigen Biss sorgen zwei Schneidezähne oben und zwei unten. Diese nutzen sich durch die Knabberei ab, wachsen dafür aber auch ständig nach. Deswegen kann ein Hamster rasch Gebissprobleme bekommen, wenn nicht genug Nagematerial zur Verfügung steht (Seite 67). Die zwölf Backenzähne wachsen nicht nach.

Sind wir ein gutes Team?

Sein Leben mit einem Heimtier zu teilen, sollte immer mit dem Bestreben einhergehen, dem kleinen Freund ein möglichst artgerechtes Dasein in menschlicher Obhut zu bieten. Das bedeutet, die eigenen Wünsche und Vorstellungen gegenüber den Bedürfnissen des Tieres manchmal zurückzustellen. Je mehr Sie auf Ihr Tier eingehen können, ohne dabei Kompromisse machen zu müssen, desto mehr Freude werden Sie an Ihrem Hausgenossen haben. Deswegen ist es so wichtig, dass Sie sich vorab genau überlegen, ob das auserwählte Tier zu Ihnen und Ihrem Leben passt. Hamster machen es Ihnen einfach und verlangen nicht viel, trotzdem haben auch sie Bedürfnisse, die erfüllt werden müssen.

Rechte Seite: Seine großen Kulleraugen machen den Hamster so beliebt.

Unten: Hamster sind keine Schmusetiere, geben aber viele interessante Einblicke in ihr spannendes Leben.

Goldi mit Süß-Faktor: Auch wenn dieser junge langhaarige Geselle noch so putzig aussieht, der Kauf will gut überlegt sein.

Was „erwartet" ein Hamster von mir?

Hamster sind Gesellen mit großer Persönlichkeit, die nicht mit Ihnen leben werden wie ein Hund oder eine Katze, sondern König in ihrem kleinen Reich sind und Sie mehr oder weniger an ihren Unternehmungen teilhaben lassen. Sie schätzen es nicht, ungefragt aus ihrer Routine aus Schlafen, Putzen, Fressen und Buddeln gerissen zu werden, sondern entscheiden selbstständig, wann sie Kontakt wünschen und wann nicht. Streicheln und Schmusen sind bei den wenigsten Hamstern beliebt und wenn sie zu sehr bedrängt werden, können sie das mit einem heftigen Zwicken quittieren. Hinzu kommt, dass die meisten Hamster den lieben langen Tag verschlafen. Das kann im Extremfall dazu führen, dass Sie Ihren Hausgenossen nur selten zu Gesicht bekommen und erst morgens an den Umbauarbeiten im Gehege erkennen, dass Ihr Untermieter eine arbeitsreiche Nacht hinter sich hat. Ihr Hamster „erwartet" von Ihnen, dass Sie seine Lebensweise akzeptieren und ihn nicht zwischendurch wecken (Seite 45), um in den Genuss seiner Gesellschaft zu kommen.

Entspricht das meinen Vorstellungen von einem Heimtier?

Wenn Sie sich ein Tier wünschen, dass Sie beim Nachhausekommen freudig begrüßt, für jede Streicheleinheit dankbar ist und ständig Ihre Nähe sucht, dann lassen Sie die Finger von einem Hamster, die Enttäuschung wäre vorprogrammiert. Der ideale Hamsterhalter hat Spaß daran, den großen Käfig seines kleinen Freundes möglichst interessant, abwechslungsreich und natürlich einzurichten und überlegt ständig, wie er dessen Lebensraum weiter verbessern kann. Für ihn ist es schöner als Kino, den kleinen Kerl abends bei der Körperpflege, der Futtersuche und dem Nestbau zu beobachten und es ist jedes Mal ein Highlight, wenn der Nager sein Vertrauen dadurch ausdrückt, dass er einen Sonnenblumenkern direkt aus der Hand nimmt oder sogar auf den Arm krabbelt. Lässt sich der Hamster aber einmal nicht blicken, ist das auch kein Drama, dann kann er an den Spuren und den Umbauten am nächsten Morgen erkennen, was sein kleiner Freund die ganze Nacht getrieben hat und nimmt auf diese Weise Anteil an seinem Leben.

Wenn Sie also zu den Menschen gehören, die abends etwas Zeit und eine Leidenschaft für Tierbeobachtungen haben, ist der Hamster genau das richtige Heimtier für Sie. Sie müssen auch kein schlechtes Gewissen haben, wenn er tagsüber sich selbst überlassen bleibt, während Sie außer Haus oder mit anderen Dingen beschäftigt sind, denn dann ruht er sich ja von seinen nächtlichen Abenteuern aus.

Ist der Hamster ein „Kindertier"?

Der Hamster gilt als das Kindertier schlechthin. Doch wenn man sich die Bedürfnisse des selbstbewussten Nagers genauer anschaut, ist er alles andere als „kindergeeignet". Kinder, die spätestens um 19.00 Uhr ins Bett müssen, werden ihren kleinen Freund nicht immer zu Gesicht bekommen, da er vielleicht erst dann richtig wach wird, wenn sie schon schlafen. Die häufige Folge davon ist, dass die Tiere tagsüber zum Spielen und Schmusen geweckt werden, was sie sehr belastet.

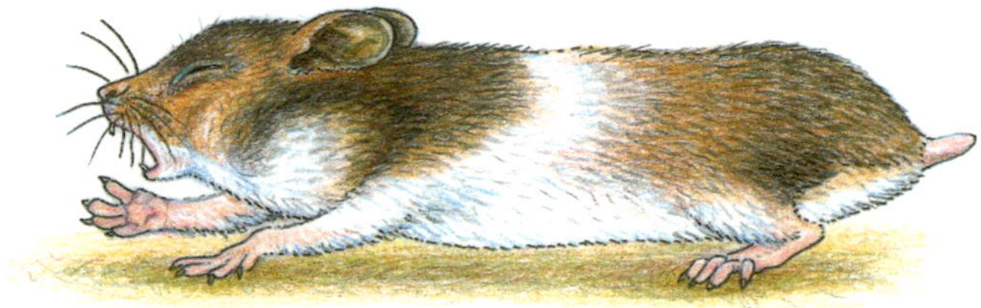

Es ist ein herrlicher Anblick, wenn Hamster sich strecken, zum Abschluss werden auch noch die Hinterbeinchen nach hinten ausgestreckt.

Kinder haben auch häufig Probleme damit, die wuseligen aber „zerbrechlichen" Tierchen richtig anzufassen oder festzuhalten, was Verletzungen nach sich ziehen kann.

Trotzdem können auch Kinder viel Spaß mit ihrem Hamsterchen haben, wenn sie schon etwas älter, tierlieb und verantwortungsbewusst sind, Freude daran haben, ihr Tier zu beobachten und es gemeinsam mit den Eltern betreuen. Sie können eine spannende Einrichtung für das Hamsterheim basteln (Seite 50) und das Tier abends vor dem Zubettgehen in einem überschaubaren Zeitraum von z. B. einer halben oder einer Stunde versorgen und beobachten. Dabei können die Kinder viel über das natürliche Verhalten der

Spaß mit kleinem Freund – wenn die Eltern sich ebenfalls um die Bedürfnisse des Hamsters kümmern, können Kinder viel Freude mit den wuseligen Kerlchen haben.

Nager erfahren und lernen ganz nebenbei, auf die Bedürfnisse des pelzigen Untermieters einzugehen. Mittlerweile wurde in Studien festgestellt, dass viele Kinder, die mit einem Heimtier zusammenleben, verantwortungsbewusster werden, was sich auf verschiedene Bereiche des Lebens auswirkt. Das funktioniert aber nur, wenn die Eltern Verantwortung, Interesse und den richtigen Umgang mit dem Tier vorleben und ein gutes Beispiel geben.

Ab welchem Alter sich ein Kind selbstständig um seinen Hamster kümmern kann, hängt von seinem Verantwortungsgefühl und seinem „Tierverstand“ ab. Einige sind schon mit 10 Jahren soweit, andere wären sogar mit 14 Jahren noch überfordert.

Was Sie vorher abklären müssen

Wenn Sie nun entschieden haben, dass ein Hamster in Ihr Leben passt, müssen aber noch praktische Dinge geregelt werden. Fragen Sie sich deswegen:

Habe ich genügend Platz?
Obwohl ein Hamster ein kleines Tier ist, nimmt sein Gehege (Seite 30) doch erheblichen Platz ein und nicht in jeder Wohnung findet sich eine Ecke, wo dieses zur Zufriedenheit des Nagers und seiner Menschen aufgestellt werden kann (Seite 32).

Ist die tägliche Versorgung geregelt?
Täglich müssen Sie etwa eine halbe Stunde aufwenden, um den Käfig von groben Verschmutzungen zu reinigen, zu füttern, Wasser zu geben und sich das Tierchen genau anzuschauen, ob es auch wirklich topfit ist. Je nach Größe des Käfigs müssen Sie alle zwei bis vier Wochen eine aufwendigere Komplettreinigung (Seite 70) einplanen.

Kann ich ihn mit anderen Haustieren zusammen halten?
Tierische Gesellschaft steht bei Hamstern nicht hoch im Kurs und bedeutet Stress. Außerdem passen sie perfekt in das Beuteschema vieler Heimtiere. Deswegen sollten Hamster möglichst keinen Kontakt mit anderen Tieren haben und dürfen schon gar nicht mit anderen Nagern in einem Gehege vergesellschaftet werden: Zu groß sind die unterschiedlichen Tagesrhythmen, Ernährungsbedürfnisse und Verhaltensweisen. Beim Freilauf müssen Hund, Katze, Papagei und Co. in einem anderen Zimmer untergebracht werden, damit der Hamster nicht zur verführerischen Beute oder zum „Spielzeug“ wird. Auch im Käfig braucht er seine Ruhe – darin angebellt oder bedrängt zu werden versetzt ihn in Todesangst. Laute Vögel sollten nicht im selben Zimmer wohnen, ihre „Arien“ stören den Schlaf des Hamsters.

Ist die Urlaubsbetreuung gesichert?
Hamster lieben einen geregelten Tagesablauf und jeder Umgebungswechsel bedeutet Stress für sie. Aus diesem Grund ist es nicht sinnvoll, den kleinen Hausfreund mit auf Reisen zu nehmen (Seite 53).

Findet sich jemand, der den kleinen Mitbewohner während Ihrer Abwesenheit versorgt?

Können dann Freunde oder Verwandte die Versorgung übernehmen?

Bin ich bereit, die Kosten zu tragen?

Ein Hamster kostet nicht viel, im Zoofachhandel werden sie meist für etwa 6 bis 15 EUR verkauft. Richtig zu Buche schlagen allerdings der Käfig und die Einrichtung. Ein ordentlicher Hamsterkäfig ist in der Regel nicht für unter 80 EUR zu bekommen, günstiger ist ein Gehege Marke Eigenbau (Seite 31). Die Einrichtung (Seite 32) kostet mindestens noch einmal 30 EUR – soweit die Anschaffungskosten.

Monatlich müssen Sie für Futter, Heu, Kleintierstreu, Chinchillasand und gelegentlich einen neuen Einrichtungsgegenstand mit durchschnittlich 10 EUR rechnen.

Unvorhersehbar ist die Höhe der Tierarztkosten im Falle einer Krankheit des Tieres. Diese können um ein Vielfaches höher sein als der Kaufpreis für das Hamsterchen selbst, doch das sollte Ihnen Ihr kleiner Freund wert sein.

Kann ich mit der geringen Lebenserwartung eines Hamsters umgehen?

Durch die geringe Lebenserwartung des Hamsters (Seite 24) übernehmen Sie die Verantwortung für das Tier für einen überschaubaren Zeitraum. Gerade bei Kindern ist das ein wichtiger Aspekt. Mit 12 Jahren sind sie vielleicht Feuer und Flamme für ihren kleinen Freund, doch mit 14 Jahren können die Interessen wieder ganz anders aussehen. Andererseits werden die Kinder früh mit dem Thema Tod konfrontiert. Auch für Erwachsene ist es nicht einfach, beim Kauf des neuen Hausgenossen schon seinen Abschied vor Augen zu haben.

Gibt es Allergien?

Wenn Sie oder ein anderes Familienmitglied unter Allergien leiden, sollten Sie sich vor dem Einzug des Hamsters mit dem Hautarzt besprechen und gegebenenfalls testen lassen, ob eine Allergie auf Hamsterhaare vorliegt. Auch die Einstreu des Käfigs sollte dabei

bedacht werden, gerade für Menschen mit einer Hausstauballergie könnte das problematisch werden.

Sind alle Familienmitglieder mit dem neuen Hausgenossen einverstanden?

Ein Heimtier bedeutet Verantwortung für alle Mitglieder der Familie. Auch wenn die Versorgung hauptsächlich einer Person überlassen bleibt, müssen die anderen trotzdem vielleicht einmal einspringen. Wurde das Tier für die Kinder angeschafft, müssen die Eltern die Pflege überwachen oder einen Teil davon übernehmen.

Kann mein Vermieter die Hamsterhaltung verbieten?

Hamster fallen unter die Kleintiere, die Sie ohne Vermietererlaubnis halten dürfen. Solange ein Hamster oder ein Hamsterpaar in Ihrer Wohnung lebt, hat Ihr Vermieter nicht das Recht, dies zu verbieten.

Er kann es jedoch untersagen, wenn andere Mieter durch die Hamsterhaltung belästigt werden, z. B. durch starke Geruchsbelästigung.

Nehmen Sie sich viel Zeit für die Auswahl des künftigen Hausgenossen.

Nur wenn Sie alle Fragen guten Gewissens mit „Ja“ beantworten konnten, sollte ein Hamster bei Ihnen einziehen.

Welcher Hamster soll es sein?

Ein Hamster muss ins Haus, das steht jetzt fest. Ob Sie sich nun für einen „stattlichen“ Goldhamster oder einen der Zwerge entscheiden, ist letztendlich Geschmackssache. Wie zutraulich ein Tier wird, hängt immer von seiner individuellen Veranlagung und der Zuwendung und Geduld ab, die Sie für es aufwenden, auch beim Platzbedarf und den Bedürfnissen gibt es keine großen Unterschiede. Sollen Kinder mit in die Pflege eingebunden werden, wäre ein Mittelhamster vielleicht das richtige „Einstiegstier“, denn die kleineren Kollegen sind oft wuseliger und lassen sich schwerer fassen. Gerade die winzigen Roborowskis sind absolute Quirle und schließen sich selten eng an den Menschen an. Problematisch kann auch die Versorgung der langhaarigen Hamster sein. Ihr langes Fell ist recht pflegeintensiv (Seite 69) und macht sie anfälliger für Krankheiten – besser, Sie entscheiden sich gleich für einen der kurzhaarigen Artgenossen.

Als Single glücklicher?

Goldhamster und Chinesische Streifenhamster sind Einzelgänger. Auch wenn es uns grausam erscheint, so ein Hamsterchen allein in einem großen Käfig zu halten – es ist das einzig Richtige. Eine Zwangsgemeinschaft mit einem Artgenossen endet meistens mit blutigen Auseinandersetzungen und im schlimmsten Fall mit dem frühen Tod eines der Tiere. Und selbst, wenn die Hamster sich mit dem Leben in einer Wohngemeinschaft arrangiert zu haben scheinen, sind sie doch ständigem Stress ausgesetzt, der sie krankheitsanfällig macht.
Anders sieht es bei den Zwergen der *Phodopus*-Arten aus. Wild lebende Dsungaren, Campbells und Roborowskis schließen sich zu Paaren zusammen und leben nur selten allein. Wenn es in diesen Gemeinschaften zu Auseinandersetzungen kommt, hat das unterlegene Tier die Möglichkeit abzuwandern, Jungtiere machen es meistens genauso. So regelt sich die Zusammensetzung der Gruppe auf natürliche Weise.

Auch als Heimtier werden diese Zwerge häufig in Gruppen gehalten und in den ersten Monaten vertragen diese sich auch in der Regel gut, doch mit Einsetzen der Geschlechtsreife nehmen Streit und Kämpfe meistens zu, da die Gruppe sich nicht aufteilen kann. Besonders kranke und geschwächte Tiere werden dabei häufig so schwer verletzt, dass sie ihren Verletzungen zum Opfer fallen. Es gibt Fälle, in denen sich die Tiere einer Gemeinschaft dauerhaft gut vertragen, doch das ist eher

Keine Experimente: Gold- und Chinesische Streifenhamster müssen allein gehalten werden. Auch bei Dsungare, Campbell und Robo gibt es keine Garantie für einen dauerhaften Frieden. Kerben und Löcher in den Ohren sind noch die harmlosesten Zeugnisse von Streitereien.

Das Geschlecht bestimmen

Bei jungen Hamstern ist das Geschlecht nicht einfach zu bestimmen. Weibchen haben eine insgesamt rundere Form und ein runderes Hinterteil, das bei den Männchen eher spitz zuläuft. Der Abstand von der Geschlechts- zur Afteröffnung ist bei den Weibchen auch geringer als bei den Männchen. Bei erwachsenen Böcken sind die Hoden meist ganz deutlich zu erkennen (Zeichnung Seite 82).

selten, am höchsten ist die Wahrscheinlichkeit noch bei Geschwistern. Alternativ können die Zwerge auch allein gehalten werden.

Wer Dsungaren, Campbells oder Roborowskis paarweise oder in Gruppen halten möchte, sollte also von vorneherein die Möglichkeit in Betracht ziehen, dass die Tiere unverträglich werden und getrennt werden müssen. Die Folge davon ist, dass die „Ausgestoßenen" in andere Hände vermittelt werden müssen oder ein neues Gehege brauchen. Bei der Paarhaltung ist auch die Vermehrungsfreude der kleinen Hamsterchen zu bedenken (Seite 80). Gleichgeschlechtliche Gruppen sind noch streitanfälliger als gemischte Verbände. Tiere, die einmal von der Gruppe getrennt werden, können nur in ganz wenigen Ausnahmefällen wieder integriert werden.

Dsungaren in drei Varianten (von oben nach unten): perlmutt-, silber- und wildfarben.

Hamsterdame oder Hamstermann?

Wird ein Hamster allein gehalten, spielt das Geschlecht keine Rolle: Bei ausreichender Hygiene und guter Versorgung sind die Männchen sogar geruchsneutral, nur die Weibchen können während der Nachbrunst etwas strenger riechen, was aber gerade im Vergleich zu einigen anderen Nagern noch sehr dezent ist. Zwar heißt es immer wieder, dass die Weibchen aggressiver wären, aus eigener Erfahrung kann ich das aber nicht bestätigen.

Ein junger oder älterer Hamster?

Junge Hamster werden am schnellsten zutraulich, sollten beim Kauf aber mindestens fünf Wochen alt sein. Sie sind Überraschungspakete und es ist immer wieder spannend, welche Eigenschaften die Kleinen später an den Tag legen werden. Die geringe Lebenserwartung der Nager lässt viele angehende Hamsterhalter erst gar nicht auf den Gedanken kommen, ein älteres Tier zu sich zu nehmen. Goldhamster und Chinesische Streifenhamster werden in der

Regel zwei bis maximal vier Jahre alt, die anderen Zwerge haben eine Lebenserwartung von eineinhalb bis höchstens drei Jahren, Dsungaren sind sogar mit zwei Jahren schon sehr betagt. Trotzdem möchte ich hier eine Lanze für die zahlreichen ausgewachsenen Hamster brechen, die in Tierheimen oder bei Nothilfen auf Vermittlung warten. Bei diesen Tieren ist der Charakter schon bekannt und die Mitarbeiter des Tierschutzes können Ihnen viele nützliche Infos über Ihren Schützling geben. Ist er handzahm? Zu welchen Zeiten ist er unterwegs? Welches Spielzeug mag er besonders gern? Auf welche „Macken" muss man achten? All diese Infos können gerade dem Anfänger den Einstieg in die Hamsterhaltung erleichtern.

Einen Hamster auswählen

In fast jedem Zoofachgeschäft werden Sie junge Hamster bekommen, wenn Sie aber einen besonderen Farbschlag suchen, sollten Sie sich an einen Züchter wenden.

Immer wieder wird auch unerwarteter Hamsternachwuchs in den privaten Kleinanzeigen der Tageszeitungen angeboten.

Auch in den örtlichen Tierheimen oder bei speziellen Nothilfen warten Hamster auf die Vermittlung in ein neues Zuhause, neben älteren Tieren finden sich dort auch sehr oft Jungtiere.

Egal, wo Sie Ihren neuen Hausgenossen holen, achten Sie beim Hamsterkauf immer auf folgende Punkte (ab Seite 26):

Unten: Alleinherrscher im Hamsterparadies! Goldhamster legen keinen Wert auf Gesellschaft.

Bei dieser bunten Goldhamster-Gesellschaft fällt die Auswahl schwer. Doch nun braucht jeder ein eigenes Revier, sonst ist Streit vorprogrammiert.

Wie ist die Unterbringung?
Das Gehege muss einen sauberen Eindruck machen und darf nicht streng riechen. Zur Einrichtung gehören neben Futter- und Wassernapf viel Einstreu, ein Häuschen, ein Sandbad und Versteckmöglichkeiten.

Sind die Geschlechter bekannt?
Junge Hamster sind recht frühreif und sollten deswegen frühzeitig nach Geschlechtern getrennt werden, damit es keinen Nachwuchs gibt (Seite 82).

Ist die Beratung gut?
Wer Tiere verkauft, darf diese nicht als Sache betrachten und muss sich auch bei einem kleinen Hamster viel Zeit für seinen Kunden nehmen und alle Fragen geduldig und kompetent beantworten. Er fragt auch nach Ihren Lebensumständen um sicherzugehen, dass der Nager das richtige Tier für Sie ist. Er überredet Sie zu nichts und lässt Ihnen Zeit, die Sache noch einmal zu überdenken, wenn er bemerkt, dass Sie noch unsicher sind. Zum Service muss selbstverständlich auch die Beratung nach dem Kauf gehören.

Wann kann ich aussuchen?
Nach Möglichkeit sollten Sie Ihren neuen Hausgenossen immer dann aussuchen, wenn er gerade seine Aktivitätsphase hat, z. B. eine Stunde vor Ladenschluss. Denn nur dann können Sie erkennen, ob er wirklich fit und gesund ist und seinen Charakter einschätzen. Ein Hamster, der gerade geweckt wurde, ist noch ganz verschlafen und oft mürrisch.

Auf was muss ich achten?
Nehmen Sie sich Zeit und beobachten Sie die Tiere ganz genau. Alle folgenden Fragen müssen mit „Ja“ beantwortet werden, sonst besteht die Gefahr, dass die Hamster krank sind (Seite 72).

- Haben alle Hamster ein schönes, dichtes, glänzendes und gepflegtes Fell?
- Sind keine merkwürdigen Geräusche, wie Niesen oder Schnaufen zu hören?
- Bewegen sich die Tiere ganz normal, hinten z. B. nicht?
- Sind sie munter im Käfig unterwegs, ohne verstört zu wirken?
- Finden sich weder an den Augen, den Ohren oder der Nase Schorf oder Krusten?
- Ist der After sauber?
- Sind die Zähne gelb (Seite 69)?
- Stammen alle Hamster und Mäuse des Anbieters aus LCM-freien Zuchten (Seite 75)?

Entdecken Sie in einer Gruppe ein Tier, bei dem Sie eine Krankheit vermuten, sollten Sie dort keines kaufen, es besteht die Gefahr, dass sich auch die anderen angesteckt haben.

Was ist, wenn ich eine schwangere Hamsterdame kaufe?

Nicht selten machen Hamsterkäufer ein echtes Schnäppchen – Sie bezahlen ein Tier und nach einer Woche oder zwei Wochen haben Sie ein halbes Dutzend. Klären Sie schon beim Kauf den Fall der Fälle ab und lassen Sie sich zusichern, dass Sie den Nachwuchs im Alter von fünf Wochen wieder in das Geschäft bringen können, wenn Sie sich nicht selbst um die Vermittlung kümmern wollen.

Schauen Sie sich Ihren künftigen Untermieter genau an.

Die artgerechte Unterbringung

Bevor Ihr neuer Hausgenosse bei Ihnen einzieht, müssen Sie seine künftige Wirkungsstätte schon fix und fertig einrichten, um ihm unnötige Aufregung zu ersparen. Lange Wartezeiten in einem Karton oder der Transportbox stressen den kleinen Kerl genauso wie viele Umbauarbeiten in den ersten Tagen seiner Eingewöhnung. Überlegen Sie sich also vorher schon ganz genau, wie das Hamsterheim aussehen soll. Am besten setzen Sie sich mit der ganzen Familie zusammen und entwerfen einen „Bauplan“, das macht sogar Spaß.

Unterbringungsmöglichkeiten

Auch wenn Hamster kleine Tiere sind, brauchen sie ein großes Gehege. Der Trend in der Heimtierhaltung geht davon weg, die kleinste noch machbare Lösung zu suchen, sondern es gibt das Bestreben, dem Pflegling so viel Platz und abwechslungsreiche Unterbringung wie möglich zu bieten. Darüber freuen sich letztendlich alle Beteiligten: Das Tier kann in einem großzügigen Heim seine natürlichen Verhaltensweisen ausleben, ist gesünder und erfreut

Unten: Für einen kurzen Zwischenstopp tut es auch ein Tonschuh – sonst darf es einige Nummern größer sein.

Je interessanter die Einrichtung seines Heimes ist, desto mehr Verhaltensweisen wird Ihr Hamster zeigen.

damit seine Menschen. Sie können guten Gewissens ein Tier halten, weil Sie wissen, alles in Ihrer Möglichkeit liegende zu tun, um es seinen Bedürfnissen entsprechend zu halten, haben viel mehr zu beobachten und weniger Arbeit – denn je größer das Gehege ist, desto seltener ist die aufwendige Grundreinigung fällig!

Gehegevarianten

Sie haben viele Möglichkeiten, Ihrem Hamster ein gemütliches Heim zu schaffen. Im Zoofachhandel werden Käfige, Aquarien und Terrarien angeboten, die Sie nur noch einrichten müssen. Alternativ können Sie auch selbst zu Hammer und Schraubenzieher greifen, um ein Hamsterparadies nach Ihren eigenen Vorstellungen zu schaffen. Egal für welche Variante Sie sich entscheiden, die Mindestgrundfläche des Geheges sollte für alle Hamsterarten etwa 100 cm x 50 cm betragen – noch größer ist immer besser. Der Gitterabstand sollte bei Goldhamstern bei etwa 1 cm liegen und bei Zwerghamstern etwa 0,6 cm haben, damit auch der Nachwuchs keine Chance hat, auszubüxen.

Es ist allerdings nicht immer einfach, ein so großes Gehege für Hamster zu bekommen. Fragen Sie einfach im Zoofachhandel danach, meistens

Der praktische Käfig

Achten Sie bei der Auswahl des Hamsterheims darauf, dass es auch für Sie praktisch ist. Ein Gehege, das schön aussieht, sich bei den regelmäßigen Pflegearbeiten aber als unzweckmäßig erweist, kostet unnötig Nerven.

→ Große und möglichst viele Türen
Näpfe, Sandbad und andere häufig benutzte Einrichtungsgegenstände sollten durch die Türen passen. Stellen Sie sich das Gehege beim Kauf komplett eingerichtet vor: Können Sie alle Ecken bequem erreichen, ohne akrobatische Höchstleistungen vollbringen zu müssen?

→ Hohe Bodenwanne
Da Hamster zu den Wühlern gehören, verbringen sie bei ihren nächtlichen Unternehmungen viel Zeit damit, in der Streu zu buddeln. Einige schleudern diese dabei in hohem Bogen hinter sich und nicht selten fliegt etliches aus dem Gehege. Je höher die Bodenwanne ist, desto mehr Streu bleibt da, wo sie hingehört und landet nicht auf Ihrem Teppich.

→ Dunkle, waagrecht angebrachte Gitter
Wenn Sie sich für einen Gitterkäfig entscheiden, sollten Sie einen mit dunklen Gittern wählen, dadurch können Sie das Tier viel besser beobachten als bei solchen mit hellen oder glänzenden Streben.
Da einige Hamster gern klettern, ermöglichen quer verlaufende Gitter zusätzliche Turnmöglichkeiten. Kaufen Sie keinen Käfig mit plastikummantelten Gittern, diese können gesundheitsschädlich sein, wenn der Hamster daran nagt und das Plastik frisst.

→ Gute Belüftung
Aquarien und Plastikkäfige dürfen nicht höher als 40 cm sein, sonst droht die Gefahr, dass sich Feuchtigkeit darin staut, die die Vermehrung von Krankheitskeimen begünstigt. Deswegen sollte die Abdeckung nicht aus einer geschlossenen Platte, sondern aus einem stabilen Drahtgitterrahmen bestehen. Auch Plastikabdeckungen mit Löchern bieten keine ausreichende Luftzirkulation!

Für Hobbybastler ist es kein Problem, ein individuelles Hamsterheim im Eigenbau herzustellen – außerdem macht das noch Spaß.

können Ihnen die Mitarbeiter das passende Hamsterheim bestellen, wenn sie es nicht auf Lager haben. Alternativ können Sie aber auch mehrere Käfige oder Aquarien ausbruchssicher miteinander verbinden und Ihrem Nager dadurch sogar unterschiedliche Lebensräume bieten.

Do-it-yourself

Mit etwas handwerklichem Talent lassen sich wunderschöne und individuelle Hamsterheime bauen, die sich perfekt in die Wohnungseinrichtung integrieren. Das macht nicht nur Spaß, sondern so kann das Gehege ganz auf die Bedürfnisse des Tieres und den zur Verfügung stehenden Platz ausgerichtet werden. Ob Sie auf fertige Gehegeelemente aus dem Zoofachhandel zurückgreifen oder sich für eine Eigenkonstruktion entscheiden, bleibt dabei ganz Ihrem persönlichen Geschmack überlassen.

→ **Schrankkäfig:** Auf mehreren Ebenen können Sie dem Hamster ein kleines Paradies schaffen, in dem er seinen Bewegungs- und Entdeckerdrang voll ausleben kann. Als Grundgerüst können Sie einen Schrank aus unbehandeltem Holz verwenden, in den Sie mehrere Etagen einbauen und diese durch Übergänge miteinander verbinden. Die Türen sollten aus speziellem Kleintierdraht bestehen, um eine ausreichende Lüftung zu sichern.

→ **Cricetinarium:** Ähnlich wie bei einem Terrarium für Reptilien besteht die Vorderseite aus zwei Glas- oder Plexiglasscheiben, die in einer Aluschiene geführt und so geöffnet werden können, die Grundkonstruktion besteht aus Holz. Dadurch können Sie Ihren kleinen Freund bei all seinen Unternehmungen prima beobachten und zusätzlich alle Winkel im Gehege leicht erreichen. Durch eine Gitterabdeckung und zusätzliche, mit Draht abgedeckte Seitenlöcher wird die ausreichende Luftzirkulation sichergestellt.

Wichtig: Verwenden Sie nur Materialien, die dem Hamster nicht schaden – ideal sind Hölzer aus Buche, Weide oder Nussbäumen und Kanthölzer aus unbehandeltem Holz. Der verwendete Holzleim muss frei von Zusätzen sein. Das Tier darf keine Möglichkeit haben, sich einen Weg in die Freiheit zu knabbern. Achten Sie auch darauf, dass das Hamsterheim sich gut reinigen lässt. Am praktischsten ist da sicher eine Kunststoffbodenwanne, alternativ können Sie eine Holzwanne selbst zusammenzimmern und mit lösungsmittelfreiem Klarlack dreimal versiegeln, der für Menschen und Tiere unbedenklich ist.

Standortfrage

Der Standort des Geheges ist ganz entscheidend für das Wohlbefinden und die Gesundheit Ihres Nagers. Achten Sie deswegen auf folgende Punkte:

- Da Hamster nachts auf Entdeckungstour sind, sollte das Gehege nicht im Kinder- oder Schlafzimmer stehen. Selbst, wenn Sie sich nicht an der Geräuschkulisse stören, sorgt sie doch für unruhigen Schlaf.
- Umgekehrt braucht Ihr Hamster tagsüber seine Ruhe. Halten Sie laute Musik und andere laute Geräusche von ihm fern.
- Damit der kleine Kerl sich nicht erkältet oder andere Probleme mit den Atemwegen bekommt, muss das Gehege an einem Platz ohne Zugluft, Rauch und Dämpfe stehen.
- Steht der Käfig an einem Fenster mit direkter Sonne oder an der Heizung, kann der Hamster überhitzen, im schlimmsten Fall sogar einen Hitzschlag bekommen.
- Am agilsten ist der Nager, wenn eine Umgebungstemperatur von 20 bis 25 °C herrscht und die Luftfeuchtigkeit 40 bis 70 Prozent beträgt. Liegt die Zimmertemperatur unter 10 °C, können Goldhamster in den Winterschlaf fallen.
- Um seinen Schlaf-Wach-Rhythmus zu finden, braucht der Hamster möglichst natürliches Licht.

Einrichtung

Verzichten Sie bei der Einrichtung der Hamsterwohnung so gut es geht auf Plastik (die Bodenwanne ist eine Ausnahme), natürliche Materialien sind tiergerechter. Kunststoff wird den Bedürfnissen des Nagers kaum gerecht und kann zu schweren Erkrankungen führen, wenn er angeknabbert und Stücke davon gefressen werden.

→ **Einstreu:** Verwenden Sie nur Streu aus dem Zoofachhandel, z. B. Lein-, Mais- oder Hanfstreu. Achten Sie darauf, dass sie möglichst wenig staubt (wie häufig bei Holzspaneinstreu) und unparfümiert ist, das kann zu Reizungen der Augen und Atemwege führen. Tipp: Auf dunkler Einstreu sind die Kötel der Hamster schlecht zu entdecken und lassen sich dadurch schwer kontrollieren. Diese am besten nur in den Bereichen verwenden, die der Hamster sauber hält.

→ **Häuschen:** Im Gehege hat Ihr Hamster nicht die Möglichkeit, einen ein Meter tiefen Bau zu graben und sich dort einzurichten. Als Ausweichmöglichkeit müssen Sie ihm deswegen Schlafhäuschen anbieten, in die er sich zurückziehen kann. Da einige Hamster gern umziehen, sollten zwei Häuser zur Auswahl stehen, in denen er nach Lust und Laune wohnen kann. Holzhäuser oder ausgehöhlte Kokosnüsse sind ebenfalls prima geeignet, auch Tonhäuschen werden gern angenommen, sollten aber nicht von innen glasiert sein oder zumindest ein „Abzugsloch“ haben, damit sich darin keine Feuchtigkeit stauen kann.

Für einen Goldhamster sollte das Domizil etwa 20 cm lang und tief sowie 15 cm hoch sein und die Eingänge einen Durchmesser von 7 cm haben, damit ein Durchkommen auch mit prall gefüllten Backen kein Problem ist. Die Zwerge begnügen sich mit 15 cm großen und 10 cm hohen Häuschen und einer Eingangstür mit 5 cm Durchmesser.

Ideal ist eine Häuservariante mit Flachdach, die auch als zusätzliche Etage genutzt werden kann. Im spezialisierten Zoofachhandel werden Häuser mit zwei Kammern angeboten, was dem natürlichen „Wohnverhalten“ des Hamsters sehr entgegenkommt, so kann er sich seinen Schlafplatz einrichten und nebenan seine Vorräte bunkern. Wenn sich

1

2

3

1) Ideales Hamsterhaus: Große Öffnungen erleichtern das Betreten, das Flachdach mit Steg vergrößert die Grundfläche,
2) durch den abnehmbaren Deckel kann der Innenraum behutsam kontrolliert werden und
3) innen beherbergt das großzügige Zwei-Zimmer-Appartement eine Schlaf- und eine Vorratskammer.

das Dach des Häuschen öffnen lässt, können Sie die Speisekammer kontrollieren (Seite 71), ohne sein kunstvoll gebautes Schlafnest zu zerstören.

→ **Nestmaterial:** In ihren Häuschen werden die meisten Hamster sich ein kuscheliges Nest einrichten. Dazu brauchen Sie viel Heu sowie weißes, unparfümiertes Toilettenpapier und trockene Gräser und Blätter. Bieten Sie keine Woll- oder Stoffreste und keine Hamsterwolle an. Die Fäden können sich um die Zehen und Pfötchen des Tieres wickeln und diese abschnüren.

→ **Näpfe:** Das Frischfutter sollten Sie in einem glasierten Ton- oder einem Keramikschälchen mit niedrigem Rand anbieten. Auch das Wasser können Sie in einer flachen Schale reichen. Platzieren Sie den Napf auf einer Etage, damit er nicht durch die Einstreu verschmutzt wird. Alternativ können Sie eine Kleintier-Nippeltränke verwenden, die Sie am Gitter oder mit einem Saufnapf am Glas befestigen. Wichtig: Die Tränke darf nicht tropfen – das sollten Sie unbedingt täglich kontrollieren!

→ **Toilette:** Ein gesunder Hamster wird sein Heim selten verschmutzen und sucht sich für sein „kleines Geschäft" meistens eine oder zwei versteckte Ecken unter einer Etage (Seite 37) aus. Gut angenommen werden Keramikschälchen, die wie ein Kuchenstück aussehen. Durch den rechten Winkel passen sie prima in eine Ecke und die restliche Einstreu bleibt schön sauber. Füllen Sie die Toilette mit Sand, normale Kleintierstreu ist auch möglich. Auf keinen Fall dürfen Sie aber Klumpstreu für Katzen oder speziell für Hamster verwenden. Wenn der Nager davon frisst, kann dies zu schweren Erkrankungen führen.

→ **Sandbad:** Für die Fellpflege brauchen Hamster ein Sandbad. Verwenden Sie dazu nur speziellen Chinchillasand aus Bimsstein, normaler Vogelsand und Quarzsand besitzen zu scharfe Kanten, die das Fell brüchig werden lassen, zu Hautreizungen führen und in der Folge Erkrankungen begünstigen können. Geben Sie den Chinchillasand in eine flache Keramikschale und lassen Sie diese ständig im Käfig. Sie können auch ei-

Links: Hamster sind begabte Häuslebauer. Bitte keine Hamsterwatte anbieten, das kann gefährlich werden.

Rechts: Die Badegelegenheit mit speziellem Chinchillasand muss immer zur Verfügung stehen.

nen „Balkon" an eine Tür des Käfigs hängen und mit Sand füllen. Dafür eignen sich große Badewannen für Sittiche mit einem hohen Plastikboden und einer Drahtvergitterung. Sie müssen den „Balkon" nur noch mit Draht ausbruchssicher befestigen.

→ **Laufrad:** Bei der „Laufrad-Frage" scheiden sich die Geister – gehört es nun zu einem Hamstergehege dazu oder nicht? Die Grundidee ist gar nicht schlecht: Frei lebende Hamster legen nachts oft lange Strecken bei der Futtersuche zurück und das Laufrad soll eine Möglichkeit bieten, dieses Bewegungsbedürfnis auch bei der Heimtierhaltung auszugleichen. Grundsätzlich sollte dem Bewegungsdrang der Hamster durch ein großes Gehege und Auslaufmöglichkeiten Rechnung getragen werden – das Laufrad darf nur ein zusätzliches Fitness-Angebot sein. Dann wird es auch meist nur kurzzeitig genutzt. Wird das Laufrad aber in einem kleinen Käfig dauerhaft zur Verfügung gestellt, verbringen einige Tiere Stunden damit, auf der Stelle zu treten – das Laufrad wird fast zur Sucht und führt zu stereotypen (immer gleichen) Verhaltensweisen. Richtig angewandt kann es aber die Lebensqualität Ihres kleinen Freundes steigern.

Studien der Universität Bern haben gezeigt, dass die meisten Laufräder der Anatomie der kleinen Nager nicht gerecht werden und wegen eines zu geringen Durchmessers zu Verkrümmungen der Wirbelsäule führen – der Rücken des Tieres wird beim Laufen regelrecht durchgebogen. Viele Laufräder können durch ihre Konstruktion auch zu schweren Verletzungen der Tiere führen. Achten Sie bei der Auswahl des „Trimmgerätes" deswegen auf folgende Punkte und machen Sie keine Kompromisse:

Rücken schonendes Laufrad: Hier kann der kleine Dsungare nach Herzenslust seinem Fitness-Training nachgehen.

Hoch geht es leichter als runter – Hamster lassen sich manchmal einfach in den Abgrund fallen, weil sie Höhen oft falsch einschätzen. Sicherheit vor Verletzungen bei einem Sturz bieten „Sprungtücher" im Käfig, wenn dieser höher als 40 cm ist.

- Der Durchmesser sollte für Mittelhamster 30 cm, für Chinesische Zwerghamster 27 cm, für Dsungaren und Campbells 25 cm und für Roborowskis 20 cm betragen.
- Die Rückwand muss komplett geschlossen und die Vorderseite ganz offen sein oder lediglich einige Einstiegslöcher bieten.
- Befestigt werden darf das Laufrad nur an der Rückseite – Speichen an der Vorderseite führen zu einem „Schereneffekt", der zum Verlust von Gliedmaßen führen kann, wenn der Hamster sich ein Beinchen einklemmt.
- Die Lauffläche muss geschlossen und Gitterböden sollten abgedeckt sein.

Brauchen Hamster Spielzeug?

Hamster vertreiben sich ihre Zeit nicht durch Spielen wie ein Hund oder eine Katze. Ihr Verhalten ist stark an den Beschäftigungen orientiert, denen ihre frei lebenden Kollegen nachgehen: Gänge bauen und Futter suchen. Spielzeug ist für sie also nur interessant, wenn es damit im Zusammenhang steht. Ihrem kleinen Freund gefällt es auch nicht, in ein kleines Holzauto gesteckt und damit durch das Zimmer geschoben zu werden, im Güterwagen einer Spielzeugbahn „auf Reisen" zu gehen oder in einem Mini-Karussell seine Runden zu drehen. Viele Hamsterspielzeuge sind sogar gefährlich und können zu schweren Verletzungen führen und werden von der Tierärztlichen Vereinigung für Tierschutz abgelehnt. Dazu gehören auch geschlossene Kunststoffkugeln, in denen der Hamster laufen soll. Panisch versuchen die Hamster daraus zu entwischen, fällt die Kugel eine Treppe oder einen Tisch hinunter, kann dies sogar den Tod des eingesperrten Tieres bedeuten. Ebenfalls kritisiert werden transparente Kunststoff-Röhrensysteme. Diese zusammensteckbaren Röhren sollen den natürlichen Bau ersetzen.

In diesem 100 cm langen Käfig können Sie eine Abenteuerlandschaft für Ihren kleinen Freund einrichten. Praktisch: die große Tür oben und noch zwei kleine an den Seiten.

Da sie aber von allen Seiten einsehbar sind, bieten sie keine Rückzugsmöglichkeit, werden wegen der schmalen Schlitze nur schlecht belüftet und sind meist auch nur schwer zu reinigen. Der Durchmesser ist gerade für Mittelhamster oft zu gering, so dass etliche Tiere schon darin stecken geblieben sind und keine Möglichkeit hatten, sich zu befreien. Falsch zusammengesteckt, können sie zu richtigen Fallgruben mit Verletzungsgefahr werden.

Richtige Vorbereitung

Wenn Sie selbst Äste, Zweige und Steine für die Inneneinrichtung sammeln möchten, sollten Sie darauf achten, dass diese nicht verschmutzt sind, sicherheitshalber können Sie sie zusätzlich abwischen. Eine Behandlung mit kochendem Wasser ist meist nicht notwendig.

Abenteuerlandschaft im Kleinformat

Versuchen Sie sich vorzustellen, wie ein Hamster leben möchte und was er braucht, um sich wohl zu fühlen. Sicher kommen Ihnen dabei keine futuristischen Plastikkonstruktionen und Gitterlaufflächen in den Sinn, sondern Sie denken an Gras bewachsene Steppen, Halbwüstenlandschaften und natürlich Erde, in die er sich einbuddeln kann. Deswegen sollten Sie versuchen, Ihrem pelzigen Mitbewohner ein Stück Heimat zu schaffen – einen Lebensraum, der seinem natürlichen möglichst nahe kommt. Gehen Sie dabei wie folgt vor:

- Beginnen Sie damit, die Grundfläche des Hamsterheims zu vergrößern, indem Sie **Holzetagen** einziehen. In Gitterkäfigen können Sie diese einfach mit Haken oder Schrauben und Unterlegscheiben befestigen. Bereits vorhandene Etagen aus Kunststoff können auch verwendet werden, Gitter-

Gefahren im Hamsterheim vorbeugen

Damit Ihr Hamster die Abenteuer in seinem kleinen Reich richtig genießen kann, müssen Sie darauf achten, dass alle Gefahrenquellen darin ausgeschaltet sind.

Stürze:	Sorgen Sie dafür, dass das Tier niemals tiefer als 30 cm fallen kann. Hamster sehen recht schlecht und einige lassen sich waghalsig von den Etagen hinunterplumpsen. Entfernen Sie auch alle spitzen Gegenstände, auf die der Hamster fallen könnte (Zeichnung Seite 36).
Wunden:	Spitze Drähte, Nägel und Schrauben müssen so abgedeckt werden, dass der Hamster sich nicht daran verletzen kann. Achten Sie beim Einbau der Etagen darauf, dass keine Holzsplitter abstehen.
Stabilität:	Alle Etagen und Einrichtungsgegenstände müssen so stabil stehen, dass sie nicht über dem Nager zusammenbrechen, wenn er seine Gänge durch die Einstreu gräbt.
Ausbruchgefahr:	Die Abstände an den Türen sind oft etwas größer als an den restlichen Gittern. Sind Sie zu groß (Seite 31), müssen Sie zusätzlich abgesichert werden. Holzkonstruktionen müssen alle drei Tage genau kontrolliert werden, ob es eine Stelle gibt, an der der Hamster sich durchzunagen versucht. Gitterabdeckungen müssen so fixiert werden, dass sie nicht verrutschen oder der Hamster sich durchmogeln kann.
Eingeklemmt:	Spalten und Ritzen dürfen nicht so eng sein, dass der Hamster darin stecken bleiben kann.

etagen sollten jedoch mit dünnen Holzplatten abgedeckt werden.

- Zusätzlich zu den verschiedenen Stockwerken können Sie auch 10 bis 15 cm breite Laufflächen wie ein Gerüst die Innenwände von unten nach oben entlang führen. Schwieriger ist das bei Aquarien oder Plastikkäfigen, deswegen sollten die Etagen darin auf vier Füßen sicher auf dem Boden stehen – genau wie ein Tisch.
- Füllen Sie anschließend die Bodenwanne mindestens 10 cm hoch mit **Kleintierstreu** auf. Wenn Sie die Streu mit etwas **Heu** mischen, kann Ihr Hamster sich prima darin vergraben und Gänge buddeln.
- Platzieren Sie nun die Häuschen und arrangieren Sie diese z. B. mit **Tunneln aus Holz oder Ton, Natur- und Ziegelsteinen, Korkrampen und -röhren, Wurzeln, Brücken, Grasnestern, einem „Heuberg" und verschieden dicken Zweigen** (Seite 67) zu einer abwechslungsreichen Landschaft – lassen Sie einfach Ihrer Phantasie freien Lauf. Planen Sie aber

noch Platz für das Sandbad, die Toilette und gegebenenfalls das Laufrad ein, legen Sie Nistmaterial hinein und stellen Sie die Näpfe auf. Wenn Sie mehrere Käfige miteinander verbinden, können Sie jeden unterschiedlich einrichten, in dem einen z. B. die Streu besonders hoch einfüllen, eine „Wüstenlandschaft" aus Sand und Steinen schaffen, ein „Dickicht" aus vielen Zweigen oder einfach eine andere Streu verwenden.

Wenn Sie mit der Gestaltung der Inneneinrichtung anschließend noch nicht ganz zufrieden sind, sollten Sie möglichst nur kleine Veränderungen vornehmen und mit größeren Umbauten mindestens eine Woche warten, sonst stresst das Ihren kleinen Freund zu sehr. Ausnahme: Sie entdecken Gefahrenquellen, die vorher nicht bedacht wurden oder erst jetzt

Aufgetaucht: Buddeln in tiefer Einstreu ist ein Riesenspaß.

aufgetreten sind. Diese müssen natürlich schnellstens beseitigt werden.

Prüfen Sie die Konstruktion der Innenarchitektur wöchentlich auf Stabilität und sicheren Halt, damit Ihr Hamster sicher in seinem Heim unterwegs sein kann.

Leben mit dem Hamster

Der Hamster ist ausgesucht und sein neues Heim behaglich eingerichtet, jetzt kann Ihr neuer Hausgenosse bei Ihnen einziehen. Für Sie beide beginnt nun eine spannende Zeit, in der Sie sich erst einmal kennen lernen müssen.

Der Heimweg

Holen Sie Ihren Untermieter am besten abends ab, wenn er sowieso munter ist – die Fahrt wird für ihn schon stressig genug, auch wenn er nicht müde und verschlafen ist. Für den Transport nach Hause wird Ihnen vom Zoofachhändler meistens ein kleiner Karton mitgegeben. Der Pappbehälter hält arbeitssuchenden Hamsterzähnen aber selten stand, deswegen sollten Sie sich eine stabile, 30 cm große Kleintier-Transportbox kaufen, in der der Hamster seine aufregende Reise antreten kann. Diese Box ist auch später sehr nützlich, z. B. kann der Nager während der Gehegereinigung darin untergebracht und sicher befördert werden, falls einmal ein Tierarztbesuch fällig sein sollte. Polstern Sie die Box mit Streu und Heu aus, füllen Sie noch etwas Streu aus seinem bisherigen Käfig ein und geben Sie sein Schlafnest dazu. So riecht die Umgebung für ihn vertraut, was ihm Sicherheit gibt. Wenn möglich, sollten Sie ein kleines Häuschen kaufen und nur für die Transportbox reservieren, damit der Hamster darin eine Rückzugsmöglichkeit hat. Achten Sie darauf, dass der pelzige Reisende weder Zugluft, Feuchtigkeit starker Hitze oder Kälte ausgesetzt ist und fahren Sie auf dem direkten Weg nach Hause.

Den neuen Mitbewohner willkommen heißen

Zuhause angekommen, sollten Sie Futter (Seite 62) und Wasser im Gehege an einer Stelle platzieren, die der Hamster mit Sicherheit findet. Setzen Sie ihn dann samt der Einstreu und seinem Schlafnest in sein neues Heim.

Nun ist Ihre Geduld gefragt. Lassen Sie dem Neuankömmling einige Tage Zeit und verrichten Sie nur die notwendigsten Arbeiten im Gehege (Seite 71), das heißt, entfernen Sie groben Schmutz und füttern Sie ihn.

Erkennungssignal

Klopfen Sie vor der Fütterung auf die Futterdose oder rufen Sie das selbe Wort, damit der Hamster dieses Signal mit der anstehenden Mahlzeit verknüpft. Wenn er den Zusammenhang begriffen hat, wird er sich eilig auf den Weg zu Ihnen machen, sobald er es hört.

Passen Sie dazu die Momente ab, in denen er wach ist und seine „Abendtoilette“ schon hinter sich hat. Versuchen Sie, sich täglich zur gleichen Zeit mit dem Tier zu beschäftigen und ihm Futter anzubieten. Reden Sie dabei mit leiser und freundlicher Stimme zu Ihrem Hamster, bewegen Sie sich langsam und bedacht und nehmen Sie sich Zeit, ihn zu beobachten.

In einer Transportbox ist der Hamster unterwegs immer sicher aufgehoben.

Charakterunterschiede berücksichtigen

Hamster sind kleine Tierchen mit großer Persönlichkeit und jeder hat seinen ganz eigenen Charakter. Da gibt es die unerschrockenen Abenteurer, die sich von nichts einschüchtern lassen und sich vielleicht sogar direkt über ihr Futter hermachen, wenn sie in ihr neues Gehege kommen, dann gibt es die vorsichtigen Gesellen, die sich erst einmal in ihr Häuschen zurückziehen und die Lage checken. Und natürlich sind da auch die kleinen Angsthasen, die sich lange verkriechen werden und ihr Näschen erst aus den Häuschen stecken, wenn die Luft rein ist. Lassen Sie sich überraschen, welche Persönlichkeit Ihr kleiner Freund besitzt und gehen Sie individuell auf ihn ein. Seien Sie nicht sauer, wenn

Geben Sie dem neuen Untermieter Gelegenheit, sein neues Reich zu erkunden.

er zurückhaltend ist und lange braucht, bevor er den Kontakt mit Ihnen sucht, sondern nehmen Sie dies als Ansporn, sich seine Freundschaft zu verdienen.

Individualisten mit Charme: Während der linke Hamster eher zurückhaltend ist, stopft sein Kollege sich mit Wonne seine Backen voll. Trotzdem ist es nun an der Zeit, die beiden zu trennen.

Freundschaft schließen

Von dieser Veranlagung und den Erlebnissen, die der Nager in seinem bisherigen Leben gemacht hat, hängt es ab, wie schnell er zu Ihnen Vertrauen fassen wird. Geduld, Einfühlungsvermögen und Toleranz sind die wichtigsten Voraussetzungen, die Sie dafür benötigen. Akzeptieren Sie die Grenze, bis zu der Ihr Hamster bereit ist zu gehen – nicht alle lassen sich auf den engen Kontakt mit dem Menschen ein.
Machen Sie sich Schritt für Schritt mit Ihrem pelzigen Hausgenossen bekannt:

- Lassen Sie ihm einige Tage Zeit, seinen neuen Lebensraum zu erkunden und verändern Sie solange auch nichts an der Einrichtung. Erst wenn Sie erkennen, dass er sich in seinem Gehege richtig wohl fühlt, emsig nach Futter sucht und es in seinem Nest bunkert, er sich auch nicht mehr daran stört, dass Sie ihn bei seinem Unternehmungen beobachten und er sogar seine Nase interessiert in Ihre Richtung reckt, ist es soweit, seine direkte Bekanntschaft zu machen.
- Bieten Sie ihm bei der nächsten Fütterung einen Leckerbissen aus der Hand an, z. B. einen Sonnenblumenkern, eine Erdnuss, ein kleines Stück Trockenfutter für Hunde oder – wenn Sie zu den Unerschrockenen gehören – auch einen Mehlwurm. Zusätzlich kön-

Ein Leckerbissen kann den Bann brechen, Bananenchips müssen aber zuckerfrei sein.

nen Sie noch einige Körner oder andere Zutaten von seiner Futterration abzweigen und direkt offerieren. Am Anfang wird der vorsichtige Geselle sich wahrscheinlich ganz lang machen und zaghaft die Freundschaftsgabe aus Ihren Fingern nehmen. Die verschwindet dann meist direkt in den „unendlichen Tiefen" seiner Backentaschen. Die mutigen Gesellen werden danach vielleicht noch an Ihren Fingern schnuppern, die so gut nach der Leckerei riechen, einige zwicken sogar keck in die Fingerkuppen – seien Sie darauf gefasst.

- Wiederholen Sie das täglich so lange, bis Sie den Eindruck haben, dass Ihr kleiner Freund schon auf seinen Leckerbissen wartet oder er ungeduldig an das Gitter kommt, wenn er Sie hört. Nun können Sie einen Teil der Futterration auf die Handfläche legen und diese dem Hamster anbieten.

Zum Hochheben wird der Hamster „aufgeschaufelt", zum Tragen eine Hand schützend über ihn gehalten.

Wenn er sich nach einem kurzen Test-Schnüffler in aller Seelenruhe auf Ihrer Hand niederlässt und seine Mahlzeit in die Backentaschen steckt oder einige Stücke sogar direkt verputzt, ist der Grundstock für die Freundschaft gelegt.

- Nachdem Ihr Hamster Ihnen so sein Vertrauen ausgesprochen hat, können Sie versuchen, ihn vorsichtig hochzunehmen, indem Sie eine Hand schützend über ihn halten,

Nicht jeder Hamster wird so zutraulich, trotzdem sollte man nie die Geduld mit ihm verlieren.

während er auf der anderen sitzt. Passen Sie dabei immer auf, dass der wieselflinke Kerl nicht plötzlich herunterspringt, dabei kann er sich schwer verletzen.

- Lässt er auch das ohne Angst zu, können Sie ihn durch Locken mit einem Leckerchen manchmal sogar dazu bringen, Ihren Arm entlangzulaufen und auf Ihnen herumzuturnen, während Sie z. B. ein Buch lesen (Seite 46) – auf jeden Fall sind Sie nun dicke Freunde.

Hamster-Knigge

Das bisher aufgebaute Vertrauen muss nun von Ihnen sorgfältig gepflegt werden, damit es sich festigen kann. Eine unbedachte Bewegung reicht manchmal schon aus – und Sie müssen wieder von vorn anfangen. Seien Sie deswegen in allem, was mit Ihrem Hamster zu tun hat besonders behutsam, damit Sie ihn nicht erschrecken. Wenn Sie folgende Regeln beachten, wird die traute Zweisamkeit nicht gestört:

Wecken Sie den Nager nicht, das ist großer Stress für ihn, wenn das häufiger passiert. Beschäftigen Sie sich also nur in den Zeiten mit ihm, wenn er von selbst aktiv ist.

Lassen Sie ihm die Muße, sich nach dem Aufstehen zu „sammeln“, richtig wach zu werden und sich ausgiebig zu putzen. Erst, wenn er sich Ihnen zuwendet, sollten Sie sich mit ihm beschäftigen, sonst kann er recht mürrisch reagieren. Wenn Sie selbst zu den Morgenmuffeln gehören, werden Sie sicherlich Verständnis dafür haben – ohne die erste Tasse Kaffee läuft gar nichts! Einen verschlafenen Hamster erkennen Sie daran, dass die Augen noch halb zugekniffen und die Ohren gefaltet sind.

Greifen Sie niemals unvermittelt nach ihm oder halten Sie Ihre Hand über ihn, er könnte das mit dem Angriff eines Feindes verwechseln, sich sehr erschrecken oder heftig zwicken. Machen Sie ihn vorher auf sich aufmerksam und sprechen Sie ihn an, wenn Sie sich ihm nähern.

Nehmen Sie den selbstbewussten Kerl nicht ohne sein Billigung hoch, sondern bringen Sie ihn mit einem Leckerchen dazu, auf Ihre Hand zu gehen. Wenn Sie einen Hamster tragen müssen, der noch nicht zahm ist, sollten Sie ihn dazu mit Futter in eine Pappröhre, eine Tasse oder eine kleine Transportbox locken.

Achten Sie darauf, dass Sie den Hamster nicht zu fest drücken, während Sie ihn festhalten.

Gehen Sie sparsam mit parfümierter Seife, Eau de Toilette oder anderen Düften um, sonst kann es passieren, dass Ihr Hamster Sie „nicht mehr riechen“ kann. Die Nager orientieren sich sehr stark am Geruch (Seite 14) und erkennen auch Ihre Besitzer an deren typischer Duftmischung. Wohnen bei Ihnen mehrere Nager, sollten Sie sich immer die Hände waschen, bevor Sie ein Tier berühren. Der Duft des Mitbewohners an Ihren Händen könnte den Hamster veranlassen, sein Reich vor dem vermeintlichen Rivalen zu verteidigen.

Hamster aneinander gewöhnen

Wollen Sie einen Dsungaren, Campbell und Roborowski mit einem bereits vorhandenen Artgenossen vergesellschaften, ist Vorsicht angesagt. Die Zusammenführung gelingt nur in den seltensten Fällen und ein Tier in eine Gruppe zu integrieren ist so gut wie unmöglich. Bereiten Sie sich also auf den wahrscheinlichen Fall vor, dass die Vergesellschaftung nicht gelingt und Sie die Tiere getrennt halten müssen. Wenn Sie es trotzdem versuchen, sollten Sie sich einen in der Mitte teilbaren Käfig besorgen und auf jeder Seite komplett einrichten. Nun setzen Sie in jede Hälfte einen Hamster. Damit die Tiere den gleichen Geruch annehmen, müssen sie nun jeden Tag in die jeweils andere Käfighälfte umziehen. Tauschen Sie die Seiten so lange, bis Sie den Eindruck haben, dass Sie einen Versuch wagen können, die beiden zusammenzusetzen. Verhalten die Tiere sich neutral zueinander, müssen Sie sie trotzdem beobachten, denn es kann jederzeit zu einer ernsten Auseinandersetzung kommen – dann müssen die Streithähne sofort getrennt werden! Ziehen Sie dabei einen Lederhandschuh an, damit Sie nicht gebissen werden. Stellt sich aber auch nach drei bis vier Versuchen kein Friede ein, sollten Sie das Unternehmen abbrechen und sich damit abfinden, die Tiere getrennt zu halten. Sie müssen sich auch immer vor Augen halten, dass das Umsetzen in die andere Umgebung die Hamster sehr belastet (Seite 76).

Wachphasen vorverlegen

Wenn Ihr Hamster zu den Spätaufstehern gehört, können Sie ihn vielleicht dazu bringen, seine Aktivitätsphasen 30 oder 40 Minuten vorzuverlegen. Reagiert er schon auf Ihr Signal (Seite 40) und kommt interessiert ans Gitter, können Sie die Fütterung einfach fünf Minuten vorverlegen. Bleiben Sie einige Tage dabei, bis er sich an diese Zeit gewöhnt hat. Nun füttern Sie wieder fünf Minuten früher, bis er auch das akzeptiert hat. Nach einigen Tagen wird die Fütterungszeit wieder vorverlegt, usw. Nicht alle Hamster lassen sich darauf ein und die Zeitverschiebung darf auch nicht dazu dienen, die Wachphasen von dem Abend auf den Nachmittag zu verschieben.

Fit durch Freilauf

Hamster sind während ihrer nächtlichen Aktivitätsphasen sehr agile und unternehmungsfreudige Tiere, dementsprechend groß ist auch ihr Bewegungsbedürfnis. Ein großes Gehege und ein artgerechtes Laufrad (Seite 35) können dieser Unternehmungsfreude nur zum Teil gerecht werden, zusätz-

Dieser Hamster macht Rast in einem Filzschuh. Achten Sie beim Freilauf immer darauf, dass der Entdecker nicht in Gefahr gerät.

lich brauchen die munteren Nager auch noch Auslauf, schließlich lockt die große, weite Welt. Schauen Sie sich vorher das Zimmer, in dem der Hamster seine Freiheit genießen darf aber genau an: Kann es dort für ihn gefährlich werden (siehe Checkliste rechts)? Lassen Sie Ihren Hamster niemals unbeaufsichtigt frei im Zimmer laufen, sondern achten Sie darauf, dass ihm nichts passiert.

- Den Abenteurer ohne Vorwarnung aus dem Käfig zu nehmen und ihn auf den Boden zu setzen, wäre für ihn sehr beängstigend! Alles riecht anders, nichts ist ihm bekannt und er hat keinerlei Orientierung. Stellen Sie lieber das Hamsterheim auf den Boden und befestigen Sie einen Steg an der Tür, damit der Nager die für ihn neue Umgebung dann erkunden kann, wenn ihm danach ist. So kann er seinen Aktionsradius langsam ausweiten und zwischendurch immer wieder zurück in den sicheren Käfig laufen, wenn er sich erschreckt.
- Füttern Sie den Hamster nicht beim Freilauf, sondern nur im Gehege. Die einzige Ausnahme sind Leckerchen, aber die gibt es nur aus Ihrer Hand. Damit können Sie ihn wieder in sein Gehege zurücklocken, wenn die Auslaufstunde zu Ende ist.

Gefahren „on Tour“

Versuchen Sie, sich das Freilaufzimmer aus der Sicht eines Hamsters zu betrachten. Was könnte für ihn besonders interessant sein? Was könnte die kräftigen Zähnchen zu einem „Knabbertest“ verleiten? Welche Ritzen und Spalten müssen unbedingt untersucht werden? Vor allem – was kann dem neugierigen Entdecker gefährlich werden? Alle Gefahrenquellen müssen beseitigt werden!

- Gerade junge Hamster klettern zwar gern, haben aber wenig akrobatisches Talent. Auch die Chinesischen Streifenhamster, die zu den Kletterkünstlern gehören, können z. B. Höhen schlecht einschätzen und sich bei einem Sturz schwer verletzen. Deswegen darf Ihr kleiner Freund z. B. nie ohne Aufsicht auf dem Tisch oder auf anderen Möbeln laufen, er könnte herunterfallen.
- Schließen Sie Fenster und Türen, damit der Hamster nicht eingeklemmt wird oder ins Freie gelangen kann, er hätte dort keine Überlebenschance.
- Decken Sie alle Kabel gut ab, damit sie nicht benagt werden. Auch andere Dinge, die zum Knabbern einladen, sollten in sicherer Entfernung stehen.
- Stellen Sie alle Zimmerpflanzen für den Hamster unerreichbar auf.

Links: Mit einem Warnschild wie diesem wissen alle Familienmitglieder, dass der Hamster im Zimmer unterwegs ist.

Viele davon sind giftig (Adressen Seite 89) die Erde ist meist chemisch behandelt.

- Dichten Sie Spalten so ab, das der Hamster sich nicht für Sie unerreichbar darin verkriechen kann. Gerade in eng zulaufenden Ritzen kann er leicht stecken bleiben.
- Ihre anderen Heimtiere, die den Hamster vielleicht „zum Fressen" gern haben, müssen während seines Freilaufs in einem anderen Zimmer warten (Seite 20).
- Zuletzt müssen Sie und die anderen Familienmitglieder gut aufpassen, dass Sie sich nicht auf den Hamster setzen oder ihn treten, während er auf Entdeckungstour ist.

Gefährliche Freiheit

Auch wenn Ihr Hamster sicher einen Riesenspaß dabei hätte, dürfen Sie ihn niemals im Garten frei laufen lassen. Der flinke Geselle würde sich sofort das nächste Mauseloch suchen und wäre auf Nimmerwiedersehen verschwunden. Obwohl die als Heimtier gehaltenen Gesellen noch weitgehend über das Verhaltensrepertoire ihrer wild lebenden Artgenossen verfügen und sich vielleicht sogar eine Zeit lang „durchschlagen" könnten, würden sie früher oder später das Opfer einer Katze, eines Marders oder eines anderen Beutegreifers und hätten keine Überlebenschance. Bieten Sie Ihrem Untermieter lieber eine ungefährliche Spielwiese in der Wohnung an.

Ausgebüxt – und nun?

Die ungewohnte Freiheit des Wohnzimmers kann Ihren Hamster derart begeistern, dass er gar nicht mehr in sein Gehege zurück möchte und es sich unter einem Sessel, dem Schrank oder zwischen den Sofakissen gemütlich macht. Nun gilt es, den Vagabunden zu fangen, ohne ihn durch die Wohnung zu scheuchen und dabei zu verschrecken. Am besten geht das, wenn der Magen knurrt und der kleine Kerl Hunger hat. Wichtig: Stellen Sie die „Hamsterfallen" immer an einer Wand auf, nicht in der Zimmermitte, denn Hamster laufen überwiegend an schutzbietenden Wänden entlang und meiden, wenn möglich, freie Flächen.

→ **Variante 1**: Sie besorgen sich eine lange Pappröhre, z. B. eine Versandrolle. Legen Sie eine Spur aus Getreide zu der Röhre, in deren Mitte platzieren Sie einige Leckerchen. Legen Sie die Röhre auf den Boden in die Nähe des Hamsters und sich selbst auf die Lauer. Sobald der Hamster in der Röhre ist, müssen Sie die Ausgänge mit den Händen verschließen.

→ **Variante 2:** Polstern Sie den Boden eines 10 l-Eimers mit Stoff, Papier oder Einstreu weich aus und legen Sie für den Hamster unwiderstehliche und wohlduftende Futterstückchen, z. B. Apfel, hinein. Legen Sie ein Brett an die Eimerkante und warten Sie eine Nacht ab. Der Ausreißer läuft garantiert das Brett hinauf und plumpst dann in den Eimer, aus dem er nicht mehr entkommt.

→ **Variante 3:** Sie benutzen eine Lebendfalle aus dem Zoofachhandel und locken den Hamster mit Futter hinein.

Den Ausbrecher ausfindig machen

Wenn Sie nicht wissen, in welchem Zimmer sich der ausgebüxte Hamster aufhält, können Sie in jedem drei Sonnenblumenkerne auslegen. Anschließend müssen die Türen geschlossen werden und bei der Kontrolle am nächsten Morgen werden Sie feststellen, wo Kerne fehlen.

Hamster-Spaß im Freizeitpark

Auslauf ist für Hamster wichtig, aber nicht immer lässt sich ein Zimmer so absichern, dass dem kleinen Abenteurer keine Gefahr bei seinen Unternehmungen droht. Eine gute Alternative ist ein „Freizeitpark" mit einer Grundfläche von idealerweise zwei Quadratmetern, ein Quadratmeter reicht aber auch aus. Dort bauen Sie dann verschiedene Landschaften und Beschäftigungsmöglichkeiten auf, in denen der Hamster sich nach Lust und Laune austoben kann. Aufsicht muss aber sein, damit der Racker sich nicht aus dem Staub machen kann, deswegen sollte die Randhöhe mindestens 30 cm betragen. Er kann so lange darin bleiben, bis er in sein Gehege zurück möchte.

→ **Variante 1:** Im Zoofachhandel werden transportable Ausläufe für Nager angeboten, die sich zusammenklappen und so Platz sparend aufbewahren lassen – beachten Sie die Gitterabstände (Seite 31).

→ **Variante 2:** Vielleicht haben Sie noch eine große Plastikwanne übrig oder können diese günstig bekommen.

→ **Variante 3**: Sie bauen sich einen Auslauf aus Holz, Hartfaser- oder Plexiglasplatten, entweder mobil zum Zusammenklappen oder stellen diesen fest in einer Ecke des Zimmers auf. Sehr praktisch lassen sich die einzelnen Elemente mit Klettband verbinden und das Gehege kann so jederzeit erweitert werden.

Hamster richtig beschäftigen

Sie können Ihren kleinen Freund artgerecht beschäftigen, indem Sie ihm all die Aufgaben geben, denen er auch in seinem natürlichen Lebensraum nachgehen würde: Futter suchen, Gänge bauen und die Umgebung erkunden. Damit sind frei lebende Artgenossen mehrere Stunden lang beschäftigt und legen sich nach einer anstrengenden Nacht müde in ihr Schlafnest. Auch ein Hamster in menschlicher Obhut braucht diese Herausforderungen, sonst wird er träge und vielleicht sogar krank. Mit etwas Phantasie können Sie ihm ein spannendes und ausgefülltes Hamsterleben bieten.

→ **Abenteuer-Futter:** Servieren Sie Körner und Co. (Seite 64) nicht lieblos im Napf, sondern lassen Sie sich etwas einfallen, damit der Hamster sie sich erarbeiten muss. Fangen Sie damit an, das Futter an eine Stelle zu streuen, die der Hamster garantiert findet. Mit jedem weiteren Tag vergrößern

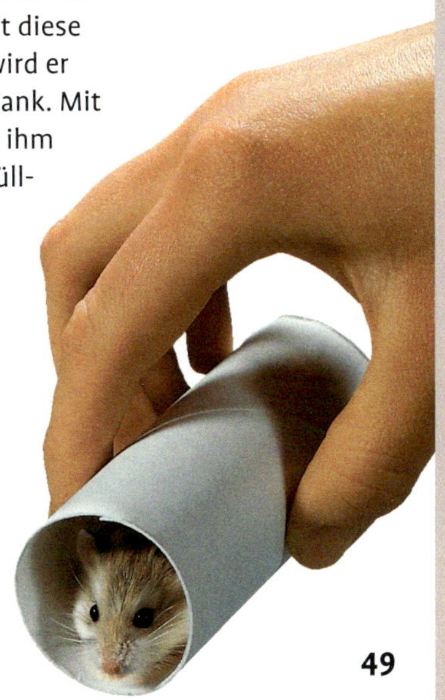

Sie den Radius, in dem das Futter verteilt wird, um einige Zentimeter. Wenn Ihr Feinschmecker das ohne Probleme findet, können Sie damit beginnen, die Ration aufzuteilen und zu verstecken, z. B. in einem Heuberg, einem Grasnest, einer Papprolle oder einem Eierkarton. Verteilen Sie einen Teil des Futters auf einer Etage, den anderen in der Streu.

→ **Buddelkönig:** Füllen Sie eine hohe Keramikschüssel, ein kleines Aquarium oder eine Plastikwanne 20 bis 30 cm hoch mit Erde. Diese darf nicht zu feucht, staubtrocken, gedüngt oder mit Insektenschutzmitteln behandelt sein. Prima eignet sich solche, die ein Maulwurf ausgegraben hat oder auch frischer, unbehandelter Torf. Über eine Brücke oder Rampe kann der Hamster die Buddellandschaft erreichen. Bieten Sie die Erde für zwei bis drei Stunden in seinem Gehege, seinem Freizeitpark oder beim Freilauf an, dann kann er darin nach Herzenslust Tunnel graben. Langhaarige Hamster müssen aber leider auf den Erde-pur-Spaß verzichten, ihr langes Fell würde zu feucht und dadurch könnte es zu Erkältungen kommen (Seite 74). Bieten Sie ihnen stattdessen ein Torf-Sandgemisch oder tiefe, normale Einstreu an.

→ **Kleingärtner:** Graben Sie eine nicht mit Chemikalien behandelte Grasnarbe aus und bieten Sie diese Ihrem Hamster stundenweise an. Er kann sich dann durch das Grün wühlen und erbeutet vielleicht noch einen Käfer oder einen Regenwurm, den er sich sicherlich schmecken lässt. Stattdessen können Sie auch ein Töpfchen Katzengras anbieten.

→ **Neue Eindrücke:** Schaffen Sie Ihrem pelzigen Hausgenossen Anregung, indem Sie ihm neue Eindrücke bieten, z. B. Teile der Käfigeinrichtung alle zwei bis vier Wochen umbauen oder austauschen. Legen Sie jede Woche einen neuen Zweig in das Gehege (Seite 67). Befestigen Sie einen „Balkon" an seinem Käfig (Seite 34), den Sie mit unterschiedlichen Materialien füllen, z. B. Heu, frischem Laub, Reisig, frischen oder getrockneten Kräutern (Seite 64) oder einfach Toilettenpapier und verstecken Sie Leckerchen darin.

Bastel-Tipps

Im Zoofachhandel werden viele schöne Sachen angeboten, mit denen Sie das Hamsterheim ansprechend und abwechslungsreich einrichten und den kleinen Nager beschäftigen können. Wer Spaß an „do-it-yourself" hat, kann mit einfachen Mitteln aber auch tolle Einrichtungsgegenstände selbst bauen. Verwenden Sie nur lösungsmittelfreien Klebstoff und achten Sie darauf, dass die

Rechte Seite: Ist Freilauf nicht möglich, bietet ein eingezäunter Auslauf eine gute Alternative. Abwechslungsreich eingerichtet, kann sich der Hamster darin lange beschäftigen: Freizeitpark für den Hamster!

Riesenspaß für kleine Nager – das Buddeln in Erde. Für langhaarige Gesellen ist ein Torf-Sandgemisch besser geeignet.

Käfig

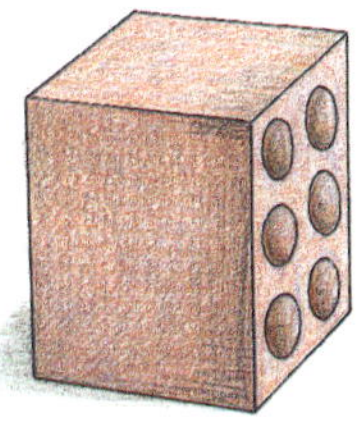
Lagerstein für Weinflaschen

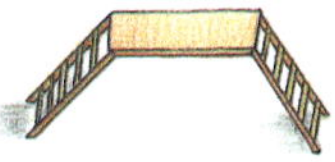
Brücke mit Leitern

Häuschen mit Dachleiter

Steingebirge

Ziegelsteine

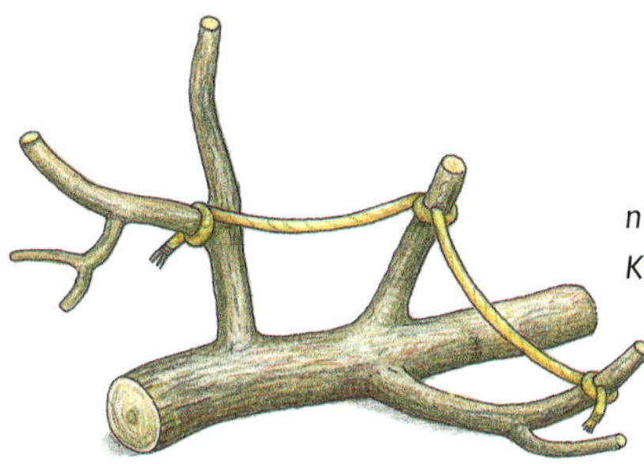
natürlicher Kletterbaum

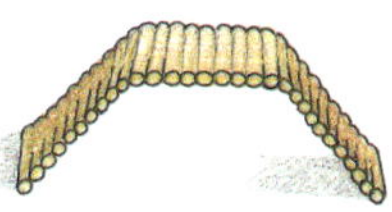
Brücke aus Holzstäbchen

Korkröhren

Häuschen mit Kletterdach

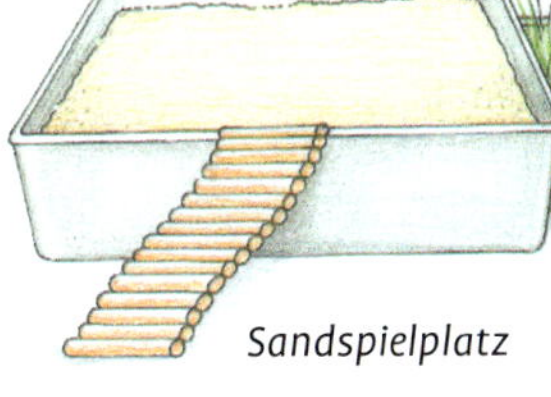
Sandspielplatz

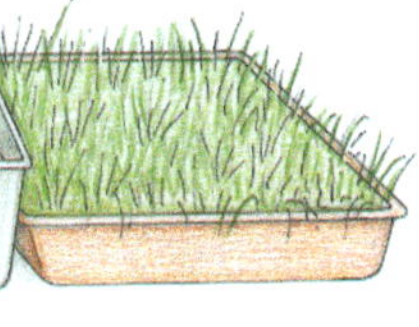
Gras-Spielwiese

Durchmesser von Röhren für Mittelhamster mindestens 7 cm und für Zwerghamster 5 cm betragen.

Tunnel-Pyramide

Sammeln Sie 10 Pappröhren (z. B. von Küchenpapierrollen oder Versandrollen, es darf sich kein Klebstoff daran befinden).

Schneiden Sie 4 Papprollen auf 30 cm Länge zu und binden Sie diese mit ungefärbtem Naturbast so zusammen, dass sie in Reihe liegen und die Kanten bündig abschließen. Das machen Sie auch mit den 3 Rollen, die auf 23 cm zugeschnitten sind und zwei Rollen, die 16 cm lang sein sollen. Die übrig gebliebene Röhre wird auf 9 cm gekürzt.

Nun binden Sie die 9 cm lange Rolle mittig auf die beiden 16 cm langen, die Öffnungen müssen in die selben Richtungen zeigen. Diese anschließend auf die 3 Rollen, die 23 cm lang sind und diese zum Schluss auf die 4 längsten binden – fertig.

Tunnel-System

Mit Papprollen (siehe oben) können Sie auch ein spannendes Tunnelsystem mit Abzweigungen, rechten Winkeln, usw. bauen.

Fertigen Sie einen Plan an, wie das Tunnel-System aussehen soll. Schneiden Sie nun die Rollen nach Plan zu. Wichtig: Sie müssen immer passgenau miteinander verbunden sein. Kleben Sie die Röhren aneinander.

→ **Variante:** Basteln Sie ein Tunnel-Kammer-System, indem Sie Pappröhren und kleine Kartons miteinander verbinden. Dazu müssen Sie nur passgenaue Löcher in die Kartons schneiden und die Röhren hineinstecken.

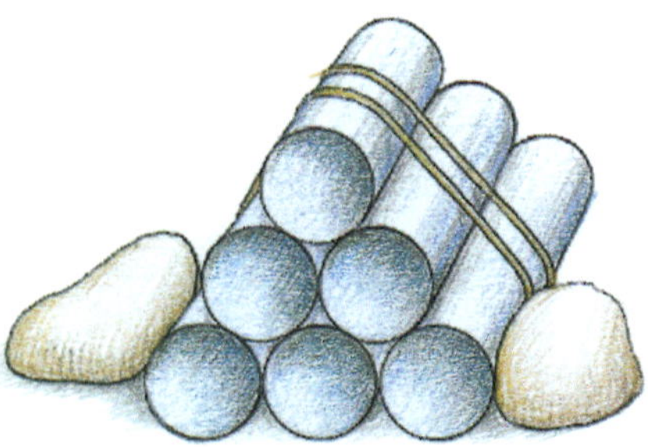

Links: Tunnel-Pyramide

Labyrinth

In einem Karton können Sie mit zusätzlichen Pappwänden ein spannendes Labyrinth basteln. Zeichnen Sie sich das Labyrinth mit Durchgängen, unterschiedlich großen Gängen und Kammern auf den Boden des Kartons auf. Schneiden Sie nun die Wände zurecht, sie sollten etwa 10 cm hoch sein. Kleben Sie die Wände entlang der Zeichnung ein.

→ **Variante:** Sie können das Labyrinth auch aus Holz basteln oder aus Ziegelsteinen aufbauen.

Hamsterdorf

Kaufen Sie mehrere unglasierte Tontöpfe mit einem Durchmesser von 10 bis 15 cm. Brechen Sie mit einer Zange in jeden Topf ein Eingangsloch. Wichtig: Arbeiten Sie sich dabei langsam vor und brechen Sie dabei immer nur kleine Stücke ab.

Verschließen Sie das Loch am Boden des Topfes oder vergrößern Sie es soweit, dass der Hamster bequem hindurchklettern kann. Feilen Sie die Öffnungen möglichst glatt, damit der Hamster sich nicht an scharfen Kanten verletzen kann. Stellen Sie die Töpfe im Gehege oder im Freizeitpark entweder in einer Gruppe oder verteilt auf.

Laufsteg

Damit Ihr Hamster seine Etagen gut erreichen kann, können Sie ihm Stege für den Aufstieg bauen. Schneiden Sie sich Holzplatten in der gewünschten Länge zu, die Breite sollte mindestens 5 cm betragen. Nun schneiden Sie dünne Kanthölzer auf die Breite des Stegs zu. Alle 2 cm wird ein Kantholz mit zusatzfreiem Holzleim auf dem Brett befestigt. Schmirgeln Sie zum Schluss die Kanten etwas ab.

Töpferarbeiten

Aus Ton können Sie ganz tolle Röhren, Häuschen, Höhlen und Felslandschaften bauen. Den Ton dafür einfach in die gewünschte Form bringen und nach Packungsanweisung trocknen lassen – glasieren ist nicht nötig.

Checkliste für die Urlaubsvertretung

Hamster sind Gewohnheitstiere und bleiben am liebsten in ihrer bekannten Umgebung, Fahrten mit dem Auto und Ortswechsel bedeuten für sie Stress. Aus diesem Grund ist es für Ihren Hausgenossen am besten, wenn er im Urlaub nicht mit auf Reisen geht, sondern Zuhause von einem zuverlässigen Urlaubs-Sitter versorgt wird. Findet sich niemand, der das erledigen kann, können vielleicht Verwandte oder Freunde an Ihrem Wohnort den kleinen Kerl bei sich aufnehmen oder Sie geben ihn in einem Zoofachgeschäft in Pension. Schauen Sie sich seine Unterkunft auf alle Fälle vorher genau an und geben Sie ihn dort nur ab, wenn Sie sicher sind, dass er gut versorgt wird.

Für den Urlaubs-Sitter sollten Sie folgende Dinge beachten:

- Reinigen Sie den Käfig einen Tag vor Ihrer Abreise gründlich (Seite 70).
- Bereiten Sie einen ausführlichen Fütterungs- und Pflegeplan vor, auf dem auch eine Telefonnummer vermerkt ist, wo Sie bei einem Notfall erreicht werden können sowie die Telefonnummer und Wegbeschreibung Ihres Tierarztes. Besprechen Sie diesen Pflegeplan vor der Reise mit dem Urlaubs-Sitter, um mögliche Fragen zu klären.
- Sorgen Sie für einen ausreichenden Vorrat an Futter, Einstreu, Heu und Nistmaterial und geben Sie dem Pfleger genügend Geld, um Frischfutter zu kaufen.
- Wichtig: Der Freilauf sollte während Ihrer Abwesenheit ausfallen, sofern kein „Freizeitpark“ (Seite 49) zur Verfügung steht.

Beobachtungstipps

Hamster sind keine Kuscheltiere und schätzen es nicht, wenn Sie ständig angefasst und gestreichelt werden. Zwar gibt es sehr zutrauliche Gesellen, die häufig die Nähe ihres Menschen suchen, doch das ist nicht selbstverständlich. Sie lassen sich auch keine Kunststückchen beibringen wie ein Hund, sondern haben ihre eigene –und zwar ganz genaue – Vorstellung davon, was sie tun wollen und was nicht.

Die Nager sind vor allem Tiere zum Beobachten. Sie bieten Ihnen die seltene Gelegenheit, natürliches Tierverhalten hautnah zu erleben. Nutzen Sie diese Möglichkeit und betreiben Sie „Verhaltensforschung“ im Wohnzimmer. Lernen Sie, die Hamstersprache zu verstehen und sein Verhalten zu deuten, daran können Sie erkennen, ob Ihr Untermieter sich bei Ihnen wohl fühlt. Entdecken Sie, was Ihr pelziger Freund am liebsten mag, welche Pfade er angelegt hat und womit er sein Nest baut. Sie können auch selbst Beschäftigungs-Vorschläge machen, Anreize geben und abwarten, wie der neugierige Kerl darauf reagiert.

Je größer, artgerechter und abwechslungsreicher sein Gehege ist, desto mehr wird Ihr Hamster von seinen kleinen und großen Geheimnissen preisgeben und Sie an seinem aufregenden Leben teilhaben lassen – wagen Sie den Blick durch das Schlüsselloch der Natur.

Typisches Verhalten

Bei Ihren Beobachtungen werden Ihnen zuerst die typischen, hamstereigenen Beschäftigungen auffallen. Diese Verhaltensweisen sind für wild lebende Artgenossen überlebenswichtig. Auch die in unserer Obhut lebenden Gesellen halten an diesen alten „Traditionen“ fest. Wenn Sie keine Gelegenheit haben, diesen angeborenen Tätigkeiten nachzugehen, können Langeweile und im schlimmsten Fall sogar schwerwiegende Verhaltensprobleme die Folge sein.

→ **Hamstern:** Vorratshaltung ist die größte Tugend der kleinen Nager – man kann ja nie wissen, wann es wieder schlechte Zeiten gibt und dann muss die Speisekammer gut gefüllt sein. Eifrig werden Körner und Co. in die praktischen Backentaschen (Seite 15) gesteckt.

→ **Buddeln:** In der Aussicht auf ein gemütliches Heim graben frei lebende Goldhamster Baue, deren Kammern 40 bis 80 cm tief unter der Erde liegen. Dort haben Sie Schutz vor Kälte und Hitze und einige Arten verbringen sogar den ganzen Winter in ihrem unterirdischen Heim. Bieten Sie ihrem kleinen Freund ausreichend Gelegenheit, diesem „Hobby“ nachzugehen (Seite 50).

→ **Nagen:** Gerade junge Hamster müssen ihre Zähne wetzen, doch auch für die älteren Tiere ist dies

Rechte Seite: Dsungaren kann man auch zu zweit halten, ein dauerhafter Friede ist aber nicht garantiert.

Dieses Kerlchen zeigt, was Hamster alles können:

Graben und Buddeln,

die Umgebung checken und sichern,

wichtig, um die ständig nachwachsenden Schneidezähne abzunutzen (Seite 67).

→ **Nestbau:** Ein gemütliches Heim ist den meisten Hamstern sehr wichtig und so schaffen Sie alles Brauchbare in ihren Bau, um es gemütlich auszupolstern (Seite 34). Eifrig werden Heu, Stroh, Gräser und weiches Papier klein gemacht und dann kunstvoll in ein kuscheliges Schlafnest verwandelt.

→ **Handarbeit:** Mit ihren kleinen Pfötchen können Hamster geschickt Futter festhalten, ihr Fell putzen oder die Backentaschen leeren.

→ **Saubermann:** Hamster sind sehr reinliche Tiere, die normalerweise sich selbst und auch ihre Umgebung sauber halten. Da die meisten Tiere als Einzelgänger leben, müssen Sie sich bei der täglichen Körperpflege ganz schön verrenken, um alle Stellen zu erreichen – es ist ja kein Artgenosse da, der dabei helfen könnte. Umso wichtiger ist ein Sandbad (Seite 34), in dem der pelzige Kerl sein dichtes Fell pflegen kann. Für ihr kleines Geschäft suchen sie sich meist ein oder mehrere Ecken im Gehege aus. Der feste Kot wird im Gehege und manchmal im Nest abgesetzt. Aus Zufall oder übersteigertem Sammeltrieb landen einige Kötel auch zwischen den gesammelten Körnern. In Nähe der Schlafkammer haben die meisten Hamster eine „Toilette“ für das „kleine Geschäft“.

→ **Markieren:** Jeder Hamster oder jede Gruppe hat ihr eigenes Revier. Damit Artgenossen die Grenzen respektieren, werden bei den Kontrollgängen Duftmarken mit der Flanken- oder Bauchdrüse gesetzt. Das sieht

Mit den Flankendrüsen wird das Revier markiert.

Schnüffeln und Erkunden, außerdem

das Futter in den kleinen Pfötchen halten und in die Backen stopfen.

aus, als ob der Hamster sich am Boden oder einem Gegenstand reibt.

→ **Laufen:** Frei lebende Hamster legen nachts weite Strecken bei ihren Kontrollgängen und der Futtersuche zurück. Auch im Hamsterheim sind sie eifrig unterwegs. Ein ausreichend großes Gehege (Seite 30) und die Möglichkeit zum Freilauf (Seite 46) sind deswegen so wichtig.

→ **Klettern:** Junge Hamster klettern mehr als die erwachsenen Tiere, Goldhamster und die *Phodopus*-Arten (Seite 8) fühlen sich auf dem Boden sicherer. Ihr Körperbau ist auch nicht zum Klettern gemacht: Mit den Vorderbeinchen können sie sich zwar gut an einem Gegenstand hochziehen, die Hinterbeinchen bieten aber wenig Schub. Wenn Sie sich doch in die Höhe wagen, gibt es meist ein Problem mit dem Abstieg. Einige lassen sich dann einfach fallen und können sich dabei schwer verletzen (Seite 36). Eine Ausnahme sind die Chinesischen Streifenhamster: Sie sind wahre Kletterakrobaten und sollten die Gelegenheit haben, „Free-Climbing“ zu betreiben. Wichtig ist eine sichere Inneneinrichtung ohne Gefahrenquellen (Seite 38).

Dieses Hamsterchen ist noch ganz verschlafen, das erkennt man an den „kleinen“ Augen und den zusammengefalteten Ohren.

Körpersprache

Am Verhalten Ihres Hamsters können Sie erkennen, wie er sich gerade fühlt. Je besser Sie seine Körpersprache zu deuten wissen, desto besser können Sie sich auf Ihren kleinen Mitbewohner einstellen (siehe Tabelle Seite 58).

Verhalten	Bedeutung	So sollten Sie reagieren
Die Augen sind noch halb zugekniffen, die Ohren ganz flach angelegt, das Fell etwas struppig, der Hamster ist insgesamt etwas träge	Ihr Hamster ist gerade aufgestanden und noch müde und verschlafen, es kann sich dabei aber auch um ein Krankheitsanzeichen handeln	Lassen Sie ihm Zeit, richtig wach zu werden. Wirkt er häufig müde und teilnahmslos, sollten Sie ihn vom Tierarzt untersuchen lassen
Er gähnt und streckt sich ausgiebig in Ihrer Gegenwart	Ihr Hamster wird gerade wach, fühlt sich aber sicher	Beobachten Sie ihn und reden Sie freundlich auf ihn ein
Er steht auf den Hinterbeinen, spitzt die Ohren und ist aufmerksam	Er ist neugierig oder hat ein Geräusch gehört, das er noch „einordnen“ muss	Reden Sie ruhig auf ihn ein
Ausgiebiges Putzen in Ihrer Gegenwart	Ihr Hamster vertraut Ihnen	Erschrecken Sie ihn nicht durch eine schnelle Bewegung
Er gräbt in der Einstreu	Ihr Hamster ist ganz in seinem Element	Lassen Sie ihn seiner Beschäftigung nachgehen
Er macht sich lang und hebt das Schnäuzchen	Er ist neugierig	Lassen Sie ihn ungestört auf Erkundungstour gehen
Er wälzt sich in seinem Sandbad und putzt sich anschließend mit Muße	Diesem Hamster geht es prima	Beschäftigen Sie sich erst mit ihm, wenn er sich fertig geputzt hat
Er hüpft ausgelassen durch das Gehege, vor allem bei Jungtieren zu beobachten	Ihr kleiner Freund ist übermütig und in Spiellaune	Bieten Sie ihm Ihre Hand zum Spielen an
Zurückgelegte Ohren	Unsicherheit	Reden Sie freundlich und ruhig
Schnelles Weglaufen	Flucht, er hat sich erschreckt und Angst, will sich verstecken	Verhalten Sie sich ruhig, ohne sich zu bewegen und reden Sie mit sanfter Stimme
Er presst seinen Körper flach auf den Boden und schleicht	Er macht sich aus Angst klein, will nicht provozieren	Vermeiden Sie jede Bewegung und jedes Geräusch, das den Hamster verschrecken könnte
Er unterbricht seine momentane Beschäftigung und putzt sich plötzlich	Das plötzliche Putzen kann eine Übersprungshandlung als Ausdruck von Unsicherheit sein	Reden Sie sanft zu ihm und verhalten Sie sich sonst ruhig
Er „ziert“ sich vorm Streicheln, zuckt dabei zusammen, zwickt vielleicht sogar in den Finger	Nun reicht es, ihr Hamster möchte nicht mehr gestreichelt werden	Lassen Sie ihm nun seine Ruhe
Er steht auf den Hinterbeinen und macht sich „groß“	Droh- und Imponierverhalten	Ziehen Sie sich zurück, damit er sich wieder entspannen kann

Zu hören ist ein ...	Bedeutung
Fiepen	Typischer Laut junger Hamster, um die Mutter zu rufen
Knurren, Brummen, hört sich manchmal wie ein „Knattern“ an	Aggression, Ausdruck von großem Unbehagen
Zähne wetzen	Angst, Drohgebärde
Fauchen	Droh- und Abwehrverhalten
hohes Quieken	Angst, häufig von unterlegenen Hamstern bei Beißereien zu hören
Schreien	Ausdruck von Angst und Schmerzen

Lautsprache

Hamster machen keine großen Worte, deswegen sind ihre Lautäußerungen auch meist auf Unmutslaute beschränkt.

Hamster-Studien

Gehen Sie die Hamsterbeobachtung doch einmal systematisch an und beobachten Sie Ihren Mitbewohner ganz gezielt. Die Ergebnisse werden Sie oft verblüffen, manchmal auch einfach nur Ihre Vermutung bestätigen. Auf jeden Fall werden Sie viel Spaß dabei haben, Ihren kleinen Freund besser kennen lernen und ganz neu erleben.

Futtergewohnheiten

Verstreuen Sie sein Futter großzügig auf dem Boden und den Etagen (Seite 49). Ihr Hamster wird sich nun auf die Suche danach machen. Sammelt er die Körner, die auf einer Stelle liegen, nacheinander auf oder pickt er sich nur die besten raus und holt den Rest dann bei seiner nächsten Runde ab? Welches Futter verspeist er sofort? Was mag er überhaupt nicht und lässt es liegen? Hat er bestimmte Wege, die er nach der immer gleichen Route bei seinen Futter-Touren abläuft?

Backentaschennutzung

Welche Backentasche wird zuerst mit den gesammelten Schätzen gefüllt? Ist er ein links- oder ein rechts-„Stopfer“? Oder füllt er beide Taschen abwechselnd, damit

Unglaublich, was da alles reingeht – welche Backentasche wird zuerst gefüllt?

sie gleich gefüllt sind? Wie voll sind die Taschen, wenn Sie geleert werden? Wie oft bringt er seine Vorräte zwischendurch in sein Nest?

Wo schläft er?

Gehört Ihr Hamster zu den Globetrottern, die regelmäßig umziehen oder ist er eher der häusliche Typ, der da bleibt, wo er sich einmal niedergelassen hat? Welche Art von Haus bevorzugt er oder macht er es sich lieber unter einer Etage gemütlich?

Nestbau

Gibt er sich besonders viel Mühe beim Bau seines Nestes oder reicht es ihm, wenn er eine weiche Unterlage hat? Die ganz spartanischen Gesellen graben lediglich eine Kuhle in die Streu. Welches Nistmaterial bevorzugt Ihr Hamster? Welches wählt er zuerst aus, wenn Sie ihm mehrere Möglichkeiten anbieten. So gibt es beispielsweise Hamster, die sich erst Toilettenpapier holen und es in ein oder zwei Nächten klein rupfen und dem ganzen danach mit Heu die nötige Stabilität verleihen.

Sandbad

Wie oft benutzt Ihr Hamster sein Sandbad, hat er immer eine bestimmte Badestelle? Hält er es sauber oder wird eine Ecke zur Toilette umfunktioniert? Lässt er sich ausgiebig Zeit oder begnügt er sich mit einer Katzenwäsche? Wann geht er bevorzugt in seine „Badewanne“?

Labyrinth

Mit einem gekauften oder einem selbst gebauten Labyrinth (Seite 52), können Sie die Auffassungsgabe Ihres Hamsters testen. Legen Sie ein Leckerchen in das Labyrinth und warten Sie ab, wie lange er braucht, um es zu finden. Wiederholen Sie das an den folgenden Tagen.

Dann beobachten Sie ihn: Sucht er vorher die Gänge des Labyrinths ab oder läuft er schnurstracks zu der Stelle, wo Sie bisher das Leckerchen platziert haben? Findet er es schneller, je öfter Sie das Spiel wiederholen? Wie reagiert er, wenn Sie das Leckerchen an eine andere Stelle legen?

Abtauchen in den Untergrund: Solch ein Labyrinth sorgt für tolle Beschäftigung und bietet in jeder Kammer einen anderen Inhalt, der zum Erforschen einlädt.

Hamster in Drohstellung – nun besser nicht provozieren.

Veränderungen im Käfig

Gehört Ihr kleiner Freund eher zu den mutigen Gesellen, die neue Gegenstände im Gehege sofort unter die Lupe nehmen oder begutachtet er die Neuerung erst einmal aus sicherer Entfernung?

Gruppenverhalten

Wenn Sie eine Hamstergruppe halten, können Sie beobachten, wie die Rangfolge geregelt ist. Wer droht häufiger, wer ist unterlegen und legt sich dann auf die Seite. Gerade bei Gruppenhaltung ist es wichtig, dass Sie die Hamster genau beobachten, um bei ernsthaften Streitereien schnell einzugreifen und die Tiere zu trennen! Es gibt kein „das machen die schon unter sich aus". Wer schwach, krank oder unterlegen ist, wird gnadenlos verfolgt und kann an dem Stress oder den Verletzungen sterben!

Wer eine Hamstergruppe oder ein Paar hält, muss sich viel Zeit für die Beobachtung der Tiere nehmen. Nur so kann schweren Verletzungen oder sogar Todesfällen vorgebeugt werden.

Ernährung, Pflege und Gesundheit

Die richtige Pflege und Ernährung sind die Grundsteine für ein gesundes Hamsterleben.

Gesund und abwechslungsreich

Die meisten Hamster können in ihrem natürlichen Lebensraum nicht immer auf einen reichhaltig gedeckten Tisch zurückgreifen, sondern müssen sich oft mit karger Kost begnügen, deswegen gilt: Weniger ist manchmal mehr. Die Nahrung Ihres Hamsters sollte möglichst naturnah sein, quietschbunte Pellets und gezuckerte Leckerlis gehören nicht dazu. Die Hauptnahrung frei lebender Hamster besteht im Sommer aus Kräutern, Gräsern und Beeren. Nüsse und fetthaltige Kerne sind seltener im Angebot. Da die Nager keine Vegetarier sind, lassen Sie sich auch gern Insekten schmecken. Im Winter steht dann alles auf dem Speiseplan, was sich gut bunkern lässt, dazu gehören Samen, Kerne, Getreide, getrocknetes Gemüse und Obst.

Wasser ist wichtig

Auch wenn Hamster nur wenig trinken, müssen sie ständig die Gelegenheit haben, frisches Wasser zu sich zu nehmen.

Es gibt spezielles Futter für Gold- und Zwerghamster.

Basisfutter

Seinen Grundbedarf sollte Ihr Hamster über das Trockenfutter decken, dass Sie in fertigen Mischungen im Zoofachhandel bekommen. Das Futter darf nicht muffig riechen und staubig sein. Lesen Sie die Angabe der Inhaltsstoffe genau durch: Können Sie alles nachvollziehen? Nehmen Sie Abstand von Packungen mit schwammigen Begriffen wie „Nebenprodukte“. Das Hamsterfutter sollte nur hochwertige Bestandteile enthalten.

Achten Sie auch auf das Haltbarkeitsdatum! Fetthaltige Bestandteile, wie z. B. Sonnenblumenkerne, Nüsse, Ölsaaten (z. B. Nigersaat, Hanf, Sesam) sollten nur in geringen Mengen enthalten sein. Wenn Sie eine Futtermischung haben, die Ihr Hamster mag und gut verträgt, sollten Sie dabei bleiben.

Ein gutes Trockenfutter hat folgende Zutaten:

→ **Getreide,** als Korn und Flocken: z. B. Hafer, Weizen, Gerste, Roggen, Hirse, Buchweizen

→ **Kleinsämereien:** Das sind kleine Samenkörner, wie sie auch im Vogelfutter für Wellensittiche und Exoten zu finden sind, Kolbenhirse und auch Gras- und Kräutersamen.

→ **Getrocknete Kräuter**, wichtig als Vitamine und Mineralienspender: z. B. Brennnesselblätter, Brombeerblätter, Gänseblümchen, Hirtentäschelkraut, Kamille, Löwenzahn, Melisse, Petersilie, Pfefferminzblätter, Ringelblumenblüten, Schafgarbe, Sonnenblumenblüten- und blätter, Spitzwegerich, Vogelmiere (kann man auch extra getrocknet kaufen).

→ **Getrocknetes Gemüse**, enthält viele Vitamine: z. B. Möhren, Fenchel, Kohlrabi, rote Beete. Tipp: Können Sie bei niedrigen Temperaturen selbst im Ofen trocknen oder im Reformhaus kaufen.

→ **Getrocknetes Obst,** nur ungezuckert und in kleinen Mengen: z. B. Rosinen, Äpfel, Birnen und Hagebutten.

Knackig frisch

Ihr kleiner Gourmet sollte täglich Frischfutter bekommen, aber stets nur so viel, wie er auch sofort frisst. Bunkert er es, müssen Sie die Reste am nächsten Tag unbedingt entfernen, damit sie nicht faulen oder schimmeln. Achten Sie beim Kauf des Frischfutters darauf, dass es „Bio“ ist, auch kleinste Schadstoffmengen können zu Erkrankungen führen. Wollen Sie selbst Kräuter sammeln, sollten Sie das nur an unbefahrenen Wegen und Plätzen tun, wo sich keine Hunde lösen. Noch besser: Sie ziehen das Grünfutter für Ihren Hamster selbst.

Rezept Hausmarke

Richtig verwöhnen können Sie Ihren Hamster mit selbst gemischtem Futter, da gehen Sie sicher, dass er alles bekommt, was er braucht. Fettfutter und tierische Nahrung sind nicht darin enthalten, diese sollten nur als Leckerbissen aus der Hand oder mit der Pinzette gefüttert werden.

Für Goldhamster

- 200 g Hamstertrockenfutter
- 100 g Bio-Getreidemischung (5-Korn- oder 6-Korn-Mischung, gibt's im Bio-Laden)
- 60 g Wellensittichfutter
- 70 g Löwenzahn-, Fenchel- und Grassamen
- 10 g Haferflocken
- 70 g Trockengemüse
- 70 g Kräutermischung

Für Zwerghamster

- 200 g Zwerghamstertrockenfutter
- 130 g Wellensittichfutter
- 100 g Bio-Getreidemischung
- 100 g Löwenzahn-, Fenchel- und Grassamen
- 20 g Haferflocken
- 70 g Trockengemüse
  70 g Kräutermischung

Blüten von Apfelbäumen sind eine wahre Delikatesse. Obst und Gemüse müssen immer gründlich gewaschen oder geschält werden.

Geeignetes Frischfutter Grünfutter	Gemüse	Obst	Nicht geeignet
Brombeerblätter	Brokkoli	Äpfel	Aubergine
Chicoree	Fenchel	Bananen	Avocado
Dill	Gurken	Birnen	Kartoffeln
Eisbergsalat	Kürbis	Brombeeren	Knoblauch
Endiviensalat	Mais	Heidelbeeren	Papaya
Feldsalat	Möhren	Johannisbeeren	Porree
Gänseblümchen	Paprika	kernlose Weintrauben	Radieschen
Getreiderispen	Rote Beete	Kiwi	Rettich
Gras	Sellerie	Melonen	Rhabarber
Hirtentäschelkraut	Tomaten (nur die Frucht)	Stachelbeeren	Schnittlauch
Johannisbeerblätter	Zucchini	Himbeeren	Steinobst
Kamille, Löwenzahnblätter, -blüten und -wurzel			Zwiebeln
Mangold			
Melisse			
Petersilie			
Pfefferminzblätter			
Ringelblumenblüten			
Schafgarbe			
Sonnenblumen mit Blättern			
Spitzwegerichkraut			
Vogelmiere			

Heu muss sein!

Frisches und Blüten-, Kräuter- oder Bergwiesenheu muss üppig zur Verfügung stehen. Es ist wichtiger Nahrungsbestandteil und das Schlafnest wird damit gepolstert.

Behutsame Futterumstellung

Wenn Sie die Futterzusammenstellung des Hamsterfutters ändern wollen, müssen Sie schrittweise vorgehen und den Anteil des neuen Futters langsam erhöhen. War Ihr Nager bisher noch kein Frischfutter gewohnt, müssen Sie ihn langsam mit ganz kleinen Stücken daran gewöh-

nen, um Durchfall (Seite 73) und Darmprobleme zu vermeiden.

Eiweiß hält fit

Obwohl Hamster für ihre Getreidekammern bekannt sind, steht auch tierische Nahrung auf ihrem Speiseplan. Gerade für Zwerghamster ist sie besonders wichtig, da tierisches Eiweiß bis zu 60 Prozent ihrer Nahrung ausmachen kann.

Da Eiweißkost ein besonderer Gaumenschmaus für Hamster ist, sollten Sie diese immer aus der Hand füttern, so weiß Ihr Freund, dass er von Ihnen immer die besten Leckerbissen bekommt. Ein Festmahl sind Mehlwürmer, die Sie auch mit der Pinzette anbieten können. Wenn Ihnen das nicht behagt, können Sie stattdessen einen halben, gestrichenen Teelöffel Hüttenkäse, Magerquark oder zuckerfreien Naturjogurt füttern, etwas hartgekochtes Ei oder kleine Stückchen Hundetrockenfutter.

Die meisten Hamster können es kaum abwarten, ihre Proteinration zu bekommen und einige klettern ihrem Menschen sogar am Käfiggitter entgegen. Achten Sie darauf, dass Mehlwürmer & Co. nicht zu groß sind.

Großwildjäger

Action pur bieten Sie Ihrem kleinen Freund, wenn Sie ihm lebende Insekten, wie Heimchen und Mehlwürmer (gibt's im Zoofachhandel), in den Käfig geben. Blitzschnell wird er dann versuchen, seine Beute einzufangen.

Arbeit für die Zähne

Knabbern und Nagen ist für Hamster ganz wichtig, denn so können sie ihr Nagebedürfnis befriedigen und die ständig nachwachsenden Schneidezähne abnutzen. Wenn Sie Ihrem emsigen Mitbewohner Zweige von Apfel-, Birn- und Haselnussbäumen, Birke oder Erle in das Gehege legen, wird die Einrichtung meist verschont. Zweige von Kernobst und Nadelbäumen eignen sich dagegen nicht, da sie zu gesundheitlichen Problemen führen können.

Leckerchen

Mit besonderen Leckerbissen können Sie schnell das Vertrauen Ihres Hamsters gewinnen. Viele Nager warten schon ungeduldig auf ihre Menschen und die tägliche Leckerei. Sie können mit Hilfe kleiner Belohnungen sogar mit Ihrem Hamster spielen, indem Sie ihn z. B. über Hindernisse locken, ihn durch einen Parcours lotsen oder die Leckereien in einem Labyrinth verstecken (Seite 52).

Als Belohnung bieten sich die Dinge an, die zum Speiseplan des Hamsters gehören, aber nur sparsam verfüttert werden sollten, wie Sonnenblumenkerne, Erdnüsse (ohne Schale, sonst können Sie nicht erkennen, ob die Nüsse verschimmelt sind), Pinienkerne, Haselnüsse, Walnüsse, Kürbiskerne, tierisches Futter sowie getrocknetes und frisches Obst (Tabelle Seite 65). Wechseln Sie die Leckerchen ab, so dass Sie jeden Tag eine kleine Überraschung für Ihren Mitbewohner in Petto haben.

Verzichten sollten Sie auf die im Handel angebotenen Nager-Snacks. Sie sind meist zu fetthaltig und enthalten Zucker, Honig und Melasse (das ist ein Restprodukt bei der Zuckerherstellung), die die Backenta-

Linke Seite: Wird das Futter im Käfig verstreut, können die Feinschmecker viel Zeit mit der Suche danach verbringen.

Futter nach Plan

	Goldhamster	Zwerghamster
Täglich	2 Teelöffel Grundfutter	1 Teelöffel Grundfutter
Täglich, in kleinen Mengen, die schnell gefressen werden	Mehrere Sorten Gemüse und Grünfutter	Mehrere Sorten Gemüse und Grünfutter
Täglich	ein Kern oder eine kleine Nuss	
Alle zwei bis drei Tage		ein Kern oder eine kleine Nuss
Alle zwei bis drei Tage, in kleinen Mengen, die schnell gefressen werden	Obst	Obst
Alle zwei Tage, in kleinen Mengen, die schnell gefressen werden	tierisches Eiweiß	tierisches Eiweiß
Wöchentlich	Ein Stück Kolbenhirse	Ein Stück Kolbenhirse
Wöchentlich	Frische Zweige	Frische Zweige

schen verkleben und zu Verdauungsstörungen führen können. Außerdem enthalten Knabberstangen, Drops, Waffeln, usw. meist zu viel Energie im Verhältnis zu den anderen Nährstoffen, was Übergewicht und Erkrankungen begünstigt.

Zusätze bleiben die Ausnahme

Eine ausgewogene und abwechslungsreiche Ernährung macht die Gabe von Zusätzen überflüssig. Ein Extra an Vitaminen und Mineralien kann dann sogar zu gesundheitlichen Problemen führen, weil die Tiere mehr davon bekommen, als sie tatsächlich brauchen. Ausnahmen sind kranke und trächtige Tiere, die Zusätze nach Anweisung des Tierarztes erhalten sollten.

Fütterungs-Tabus

Auf den Speiseplan Ihres Hamsters gehören keine Süßigkeiten und nichts, was von Ihren Mahlzeiten übrig geblieben ist. Wenn Sie ihm Jogurt, Hüttenkäse, Frischfutter usw. anbieten (Seite 67), dürfen diese nicht direkt aus dem Kühlschrank gegeben werden, sondern müssen Zimmertemperatur haben. Bieten Sie dem Hamster nur die Pflanzen an, von denen Sie sicher sind, dass Sie ihm nicht schaden – gehen Sie keine Experimente ein!

Futterpläne

Wenn Sie nach diesen Plänen vorgehen, ist Ihr Hamster rundherum gut versorgt. Die Mengenangaben beim Grundfutter sind Richtwerte, denn natürlich ist auch die Futterverwertung bei jedem Tier individuell. Ob Sie die richtige Portion gefunden haben, können Sie leicht an den Vorräten des Sammlers erkennen: Ist seine Speisekammer prall gefüllt, können Sie die Futtermenge reduzieren, ist sie dagegen fast leer, darf es etwas mehr sein.

Ach du dicker Hamster!

Zu viele Kerne und Leckerchen lassen auch den agilsten Nager schnell träge und dick werden – auch Hamster müssen auf ihre schlanke Linie achten. Gut in Form ist Ihr kleiner Freund, wenn Sie seine Taille erkennen, während er sich streckt. Zu dünn ist er, wenn Sie seine Rippen deutlich fühlen können. Ist Ihr Hamster ein kleines Dickerchen, müssen Sie unbedingt stark fetthaltige Kerne und Nüsse reduzieren und ihm mehr Bewegungsmöglichkeiten schaffen.

Nichts Süßes!

Hamster haben eine Sache mit uns Menschen gemeinsam, und das ist die Anfälligkeit für Karies. Die Ursache liegt darin, dass die Zähne der kleinen Nager ähnlich aufgebaut sind wie bei uns Zweibeinern.
Umso mehr gilt: Auf gezuckerte oder mit Honig versetzte Snacks und andere süße Versuchungen muss der kleine Feinschmecker verzichten.

Pflege

Hamster sind von Natur aus reinliche Tiere. Wenn sie gut gehalten werden und gesund sind, können sie sich problemlos selbst um ihr Outfit kümmern und ihr Heim sauber halten.

Klimmzüge müssen es nicht sein, wenn ein paar Gramm zu viel auf den Rippen sind, trotzdem sollte dann das Bewegungsangebot erhöht werden.

Körperpflege

→ **Fell:** Eifrig putzt der Hamster nach dem Aufstehen seinen dichten Pelz so lange, bis jedes Haar an der richtigen Stelle liegt und er wieder tipptopp aussieht – es ist wirklich ein großer Spaß, ihn dabei zu beobachten. Das einzige Hilfsmittel, das er braucht, ist eine Badewanne mit Chinchillasand (Seite 34). Langhaarhamster haben da schon mehr Probleme und können unter Umständen mit der Fellpflege nicht mehr nachkommen. Dann verfilzen die Haare und können Parasitenbefall und Erkrankungen begünstigen. Da die wuseligen Kerlchen sich aber auch nicht gern bürsten lassen, bietet sich ein zweckmäßiger Kurzhaarschnitt an. Mit einer abge-

Leider viel zu schnell vorbei: Beim Putzen könnte man den kleinen Hamster stundenlang beobachten.

Links: Der Hamster säubert mit den Pfoten das Fell und bringt es in Form.
Rechts: Langhaarige Hamster können mit ihrer Fellpflege überfordert sein. Es ist besser, die lange Mähne möglichst kurz zu halten.

rundeten Schere können Sie selbst zum Hamsterfriseur werden.

→ **Krallen:** Wenn Sie einige Klettersteine ins Gehege legen, werden diese sich von selbst ausreichend abnutzen.

→ **Zähne:** Keine Panik – wenn Ihr Hamster gelbe Zähne hat, ist das vollkommen normal und sogar gesund. Blendend weiße Beißerchen deuten sogar auf Mangelerscheinungen hin – Zähne putzen ist also nicht nötig. Bieten Sie ihm ausreichend Nagematerial an (Seite 67).

Baden ist tabu

Auch wenn Ihr Hamster einmal streng riechen sollte (was kaum vorkommt), dürfen Sie ihn niemals baden – er könnte sich erkälten! Außerdem sind die Nager noch wasserscheuer als die sprichwörtlichen Katzen. Sollte es doch einmal nötig sein, reicht ein feuchter Lappen aus, mit dem Sie die betreffende Stelle vorsichtig von Schmutz reinigen.

Reinigung des Hamsterheims

Hamster sind vorwiegend „Nasentiere" und orientieren sich sehr stark an den Duftspuren, mit denen Sie ihr Umfeld einparfümieren. Das wird auch durch die Forschungen von Professor Dr. Rolf Gattermann bestätigt. Seine Untersuchungen haben gezeigt, dass es für Hamster sehr stressig ist, wenn das komplette Gehege gereinigt wird, da sämtliche Markierungen und Duftpfade fehlen. Die Herzfrequenz schnellt hoch, der Puls steigt von 300 auf 500 Schläge pro Minute an und einige seiner Tiere bekamen sogar Fieber. Die neue und fremde Duftwelt stresst Hamster mehr als ein Kampf mit einem Artgenossen. Deswegen sollten Sie die Reinigung des Geheges nur auf die nötigen Bereiche beschränken und eine Teilreinigung immer einer Komplettreinigung vorziehen – übertriebene Hygiene ist hier fehl am Platz und eher schädlich!

- Bereiten Sie zur Reinigung die Transportbox (Seite 40) vor, indem Sie etwas von der Einstreu aus dem Gehege, Heu und ein Häuschen hineingeben. Dort kann der Hamster warten, bis Sie sein Heim neu eingerichtet haben.
- Wenn Sie zwei Käfige verbunden haben, sollten Sie diese im Wechsel reinigen, damit ein Käfig immer die gewohnte Duftwelt behält.
- Für eine Teilreinigung tauschen Sie lediglich verschmutzte Einstreu gegen neue aus.
- Bei einer Komplettreinigung wird die ganze Einstreu ausgewechselt.

Sind die Bodenschale, Einrichtungsgegenstände oder Gitter schmutzig, werden Sie mit heißem Wasser geschrubbt. Hartnäckige Schmutzstellen können mit Essig gereinigt werden, hinterher mit reichlich Wasser nachspülen. Verwenden Sie keine chemischen Mittel, deren intensiver Geruch würde die Atemwege des Hamsters reizen.

- Bevor das Gehege neu eingestreut wird, muss es absolut trocken sein, feuchte Streu bietet einen idealen Nährboden für Krankheitserreger.
- Bringen Sie das Schlafnest auf Vordermann, indem alle Kötel und verschmutzten Stellen entfernt werden und arrangieren Sie die Einrichtung samt Schlafnest und einem Teil der Vorräte genau so, wie sie vorher war – neue Streu und eine neue Innenarchitektur würden den kleinen Kerl zu sehr stressen. Bauen Sie neue Gegenstände lieber zwischendurch bei den Teilreinigungen auf.
- Bieten Sie zum Schluss frisches Futter an und lassen Sie dem Hamster Zeit, sein neues Heim zu erkunden.

Gesundheitsvorsorge

Hamster sind robuste kleine Kerlchen, die über enorme Selbstheilungskräfte verfügen – wenn sie ausgewogen ernährt werden, ein sauberes Gehege und genügend Bewegung und Beschäftigung haben. Verantwortungsbewusste Haltung und Pflege sind also das A und O, damit Ihr kleiner Freund ein gesundes und langes Leben führen kann.

Reinigungs- und Kontrollplan

Wann	Was
Täglich	Den Hamster beobachten: Geht es ihm gut?
	Frisches Wasser geben, füttern (Seite 68)
	Frischfutterreste entfernen
	Näpfe reinigen
3x wöchentlich	Toilettenecken reinigen
	Vorratskammer kontrollieren
	Das Hamsterheim auf mögliche Knabberstellen kontrollieren, durch die der Hamster entwischen könnte
Wöchentlich	Gesundheitskontrolle (Seite 72)
	Hamsterkot aus dem Gehege und Nest entfernen
	Wenn nötig, Teilreinigung des Geheges
Monatlich	Wenn nötig, Komplettreinigung des Geheges

Gesunde Hamster machen einen gepflegten Eindruck und sind an ihrer Umgebung interessiert.

Hitzestress vermeiden

Hamster mögen keine sommerlichen Temperaturen und können dann in Ihrem Gehege sehr leiden, frei lebend würden sie sich in ihren kühlen Bau zurückziehen. Schaffen Sie Abkühlung, indem Sie einen Kühlakku in eine Plastiktüte wickeln und auf den Käfig legen, einen Stein oder eine Fliese im Käfig platzieren und eine große Fläche des Bodens mit Sand ausstreuen. Bringen Sie den Hamster im Sommer auch besser in einem Gitterkäfig unter, darin stauen sich weder Hitze noch Feuchtigkeit, wie in einem Glas- oder Plastikgehege.

Das ist ganz normal

→ **Ein schwarzer Fleck oder eine Warze in jeder Flanke**: Das sind die Flankendrüsen (Seitendrüsen), die einen für das Markieren wichtigen Duftstoff bilden. Bei einigen Tieren sind sie kaum zu sehen, bei andern (Foto Seite 74) sehr deutlich zu erkennen (besonders bei älteren Männchen) und erscheinen verklebt, wenn die Böckchen sexuell aktiv sind.

→ **Scheidenausfluss beim Weibchen**: Er tritt während der Empfängnisbereitschaft auf und ist dann klar, am nächsten Tag kann er auch gelb gefärbt sein.

→ **Große Hoden**: Gerade Chinesische Streifenhamstermänner haben – im Verhältnis zu ihrer Körpergröße betrachtet – sehr große Hoden. Doch auch bei den Verwandten ist dieses Geschlechtsteil sehr ausgeprägt, wenn sie erwachsen sind. Bei hohen Temperaturen werden die Hoden tiefer in den Hodensack geschoben, sorgen Sie dann für Kühlung.

Krankheiten erkennen

Trotz bester Pflege kann ein Hamster einmal krank werden. Durch den schnellen Stoffwechsel können selbst harmlos erscheinende Krankheiten wie eine Erkältung innerhalb weniger Tage zum Tod führen, wenn sie nicht fachgerecht von einem Tierarzt behandelt werden. Nehmen Sie Ihren Hamster deswegen genau unter die Lupe, wenn Sie sich abends mit ihm beschäftigen. Je besser Sie ihn kennen, desto schneller fallen Ihnen Veränderungen auf, die auf eine Krankheit hinweisen könnten.

Wenn er sich normal verhält, frisst, einen Teil des Futters bunkert, seine Backentaschen füllt und komplett entleert, sein Fell in Ordnung hält, munter im Käfig herumläuft und sich an seinem Umfeld interessiert, ist alles in Ordnung. Anlass zur Sorge besteht, wenn Ihnen einer der folgenden Punkte auffällt.

Häufige Krankheiten

Nachfolgend werden die häufigsten Krankheiten von Hamstern kurz beschrieben. Auf Anleitungen zur Selbstbehandlung oder Therapievorschläge wurde bewusst verzichtet, da ein kranker Hamster **immer dem**

Suchen Sie den Tierarzt auf bei:

- Ausfluss an den Augen oder der Nase
- Appetitlosigkeit
- ungewöhnlichen Atemgeräuschen, Husten oder Niesen
- ständig ungepflegtem Fell oder kahlen, schorfigen oder verkrusteten Stellen im Pelz
- häufigem Kratzen
- Krusten oder Schorf an Augen, Nase oder Ohren
- einem verklebten oder nassen After
- unsicheren oder extrem langsamen Bewegungen, Hinken
- Verletzungen
- Apathie, Teilnahmslosigkeit
- Knoten oder Schwellungen unter oder auf der Haut
- schmierigem oder breiigem Kot (gesunde Hamster haben ovalen, festen Kot)
- starkem Gewichtsverlust oder starker Gewichtszunahme (Deswegen den Hamster einmal in der Woche wiegen, um Vergleichswerte zu haben.)
- Blut im Urin (Deshalb regelmäßig die Toilettenecke im Käfig genauer betrachten. Rote Beete, Fenchel und Löwenzahn können allerdings zu einer ungefährlichen Rotfärbung des Urins führen.)
- zu langen Schneidezähnen (Um die Zähne zu kontrollieren halten Sie ein Leckerchen über Ihren Hamster, damit er sich streckt, dabei sind die Zähne gut zu erkennen, die oberen sollten zu den unteren ein Längenverhältnis von 1:3 besitzen.)

Tierarzt vorgestellt werden sollte – und zwar möglichst schnell. Wer zuerst versucht, der Krankheit mit Hausmitteln, Vitaminpräparaten oder anderen Zusätzen zu Leibe zu rücken, verliert kostbare Zeit, die das Tier im schlimmsten Fall das Leben kosten kann. Wer es mit Naturheilmitteln versuchen möchte, sollte auf Experimente verzichten, die Dosierung ist bei den kleinen Nagern äußerst schwierig. Homöopathie, Bachblüten und Co. können nützliche Helfer sein, wenn sie eine Therapie begleiten und von einem Tierarzt, der sich fundierte Kenntnisse auf diesen Gebieten angeeignet hat, verordnet werden.

Wenn der Hamster sich sehr häufig mit den Pfoten über die Augen reibt, kann das auf eine Augenreizung hinweisen, die durch eine Allergie gegen die Einstreu verursacht wird.

→ Durchfall

Falsche Fütterung, zu schnelle Futterumstellung und unsaubere Haltung sind die häufigsten Gründe für Durchfall, ausgelöst von Viren, Bakterien oder Parasiten. Der Kot ist

Bei diesem Männchen ist die Flankendrüse gut zu erkennen.

dann nicht fest, sondern breiig. Frischfutter ist nun tabu. Reinigen Sie den verschmutzten After mit einem feuchten Lappen und achten Sie darauf, dass der Hamster genug trinkt, gegebenenfalls müssen Sie ihm Wasser mit einer Pipette einflößen.

→ Erkältungen

Ursachen für einen „Schnupfen" gibt es viele: Zugluft, zu feuchtes Klima im Glas- oder Plastikgehege, Feuchtigkeit in Plastikhäuschen, unsaubere Haltung, trockene Heizungsluft, Mangelzustände durch falsche Ernährung und verminderte Abwehrkräfte durch häufige Störungen oder Stress in der Gruppe sind nur einige davon. Schnell kann sich aus einer Erkältung, die sich durch Niesen, Husten und anschließend durch Ausfluss, Appetitlosigkeit und Atemnot äußert, eine Lungenentzündung entwickeln, die lebensgefährlich ist. Wichtig: Hamster können sich auch beim Menschen anstecken, wenn dieser an einem grippalen Infekt, einer Mandelentzündung oder ähnlichem leidet. Lassen Sie dann deswegen besondere Hygiene beim Umgang mit Ihrem Schützling walten.

→ Verstopfte oder verklebte Backentaschen, Backentaschenentzündung

Durch falsche Fütterung, z. B. mit stark zuckerhaltigen Nahrungsmitteln, falsche Hamsterwatte, Verletzungen oder Infektionen können die Backentaschen verkleben, verstopfen oder sich entzünden. Der Hamster entleert diese dann ganz oder teilweise nicht mehr, verweigert sein Futter, verliert an Gewicht, speichelt und knirscht eventuell mit den Zähnen.

→ Pilzbefall

Eine Pilzerkrankung ist eher selten, kann aber auf Menschen übertragen werden. Auch das Händewaschen schützt nicht davor, deswegen müssen die Hände nach jedem Kontakt mit dem Tier desinfiziert werden, wenn ein Befall festgestellt wurde. Erkennen können Sie diesen an kreisrunden, haarlosen Stellen am Kopf und an den Beinen, später am ganzen Körper, die manchmal weißen Schorf zeigen. Auch hier sind es wieder unsaubere und zu feuchte Haltung, falsche Ernährung und Stress, die die Krankheit meistens auslösen.

→ LCM

Auch die Lymphozytäre Choriomeningitis (LCM) ist eine auf den Menschen übertragbare Krankheit, allerdings ist dies sehr selten und soll hier der Vollständigkeit halber erwähnt werden. Sie kann beim infizierten Menschen grippeähnliche Symptome, bei schweren Verläufen Hirnhautentzündung und bei Schwangeren Fehlgeburten und Fruchtmissbildungen verursachen. Meist verläuft die Krankheit beim Menschen wie eine Grippe und klingt dann wieder ab, schwere Verlaufsformen sind möglich, aber selten. Eine Ansteckungsgefahr besteht für Menschen aber nur bei akut infizierten Tieren.

Ausgelöst wird LCM von einem Virus, der vorwiegend bei Tieren zwischen dem dritten und sechsten Lebensmonat zum Ausbruch kommt, viele infizierte Hamster erkranken überhaupt nicht daran. Der typische Wirt der LCM ist die Hausmaus, doch auch Farbmäuse und Hamster können die Krankheit über den Kontakt mit Kot, Urin und Speichel übertragen. Bisher wurde diese Krankheit, die durch einen Bluttest festgestellt werden kann, nur bei Hamstern im Alter von bis zu sechs Monaten beobachtet.

Kranke Tiere zeigen Entwicklungsstörungen, Krämpfe, Lähmungen und selten Bindehautentzündung.
Vorbeugende Maßnahmen: Als Hauptüberträger für den Virus gelten Mäuse, die durch direkten oder indirekten Kontakt Hamster infizieren können. Ein verantwortungsbewusster Anbieter wird deswegen darauf achten, dass keines dieser Tiere in seinem Bestand Träger des Virus ist. Treten bei Ihnen grippeähnliche Symptome auf, nachdem Sie vor kurzem einen Hamster bei sich aufgenommen haben, sollten Sie sich vom Hausarzt untersuchen lassen und ihn auf die Hamsterhaltung und LCM hinweisen. Schwangere sollten das Nagergehege möglichst nicht selbst reinigen oder dies nur mit Handschuhen erledigen. Nach dem Kontakt mit dem Tier unbedingt die Hände desinfizieren.

→ Lippengrind

Mangelerscheinungen durch unausgewogene Fütterung können dazu führen, dass sich Bakterien oder Pilze an der Schnauze, bei starkem Befall auch im Gesicht des Hamsters ansiedeln. Nach der tierärztlichen Therapie muss die Ernährung des Hamsters langsam umgestellt werden.

→ Milbenbefall

Milben sind mit bloßem Auge kaum zu erkennen und werden mit der Ein-

Dieser kleine Robo ist kerngesund, dank guter Pflege und viel Beschäftigungsmöglichkeiten.

Dieser junge Geselle mit der leichten Russen-Zeichnung hat noch ein spannendes Hamsterleben vor sich. Wenn er ein Senior ist, lässt er alles etwas ruhiger angehen.

streu, dem Heu oder Futter eingeschleppt, machen dem Hamster aber selten zu schaffen. Sie gehören zu den typischen Parasiten, die durch falsche Haltung und Ernährung und die damit zusammenhängende schwache Immunabwehr begünstigt werden. Lassen Sie Ihren Hamster vom Tierarzt untersuchen, wenn er sich häufig juckt, unruhig ist, ungepflegtes Fell, Schuppen oder Haarausfall hat. Starker Befall verursacht dem Tier starke Schmerzen und kann zu Teilnahmslosigkeit führen.

Verhaltensauffälligkeiten

Gitternagen und Aggressivität sind die typischen Stress-Anzeichen von Verhaltensproblemen, können aber auch einhergehen mit struppigem Fell, Gewichtsabnahme und Teilnahmslosigkeit. Lassen Sie das Tier dann auf jeden Fall vom Tierarzt untersuchen, überprüfen Sie aber auch seine Haltungsbedingungen und ändern Sie diese gegebenenfalls.

Abweichung von der Routine

Wenn Sie von der üblichen Routine abweichen und Ihren Hamster einmal nicht z. B. um 20 Uhr füttern und sich um ihn kümmern, obwohl er es bisher so gewohnt war und Sie sich ausnahmsweise erst gegen 23 Uhr blicken lassen, kann er das mit mürrischem Verhalten quittieren. Einige nagen dann sogar energisch am Gitter und fordern so ihre Mahlzeit ein.

Aggressivität tritt oft dann auf, wenn ein Tier häufig geweckt und gestört wird. Respektieren Sie die Ruhephasen des Nagers, starten Sie das Freundschaftsprogramm (Seite 43) noch einmal von vorn und beachten Sie den Hamster-Knigge (Seite 45).

Streitlustigkeit oder Apathie können ihren Grund aber auch in einer Gruppenhaltung (Seite 23) haben. Die Hamster verstehen sich einfach nicht mehr, können einander nicht aus dem Weg gehen und das schwächste Tier wird gnadenlos gemobbt und dadurch natürlich extrem reizbar oder teilnahmslos. Goldhamster und Chinesische Zwerghamster müssen grundsätzlich allein gehalten werden!

Die Ursache des ständigen Gitternagens liegt meist in einem zu kleinen Käfig mit wenig Beschäftigungsmöglichkeiten. Bieten Sie dem Hamster dann ein großes Gehege an, richten Sie es abwechslungsreich ein und sorgen Sie mit Abenteuerfutter (Seite 49), Buddelmöglichkeiten (Seite 50) und einem großzügigen Nageangebot (Seite 67) für Arbeit.

Der alte Hamster

Das Leben eines Hamsters endet für seinen Menschen immer zu früh, ob es nun zwei Jahre oder fast stattliche vier Jahre (Seite 24) dauert. Es liegt an Ihnen, Ihrem pelzigen Freund diese Zeit bis zum Schluss so angenehm wie möglich zu gestalten.

Wird das Fell Ihres Hamsters struppig oder fällt aus, bewegt er sich weniger oder langsamer und verliert er an Gewicht, kann das durch das hohe Alter verursacht werden. Füttern und versorgen Sie ihn dann trotzdem genauso wie bisher, ändern Sie aber die Käfigeinrichtung nicht mehr grundlegend, damit er sich weiterhin in seinem Umfeld orientieren kann.

Alle diese Anzeichen können aber auch durch eine Erkrankung verursacht werden. Deswegen sollten Sie den Senior dann einem Tierarzt vorstellen, damit die Ursache abgeklärt wird. Liegt eine Krankheit vor, kann auch ein zweijähriges Tier mit der richtigen Behandlung noch viele Monate lang ein ausgefülltes Leben führen und Ihnen Freunde bereiten. Bestehen Sie also auf einer Untersuchung, auch wenn der Tierarzt nach dem ersten Augenschein wegen des vermeintlich hohen Alters von einer Behandlung abrät.

Stellt sich aber heraus, dass Ihr kleiner Freund ernsthaft krank ist und eine Therapie keinen Heilungserfolg mehr zeigt, sollten Sie ihn von seinen Leiden erlösen und einschläfern lassen, wenn er keine Lebensqualität mehr hat. Ihr Tierarzt wird Ihnen dabei zur Seite stehen und Sie beraten, wann der passende Zeitpunkt gekommen ist.

Der Tierarztbesuch

Der Tierarzt muss die Person Ihres Vertrauens sein, gehen Sie also nur dorthin, wo Sie sich auch mit einem kleinen Patienten wie einem Hamster ernst genommen fühlen. Genau wie bei einem Hund oder einer Katze muss sich der Veterinär nach den Haltungsbedingungen erkundigen und sich eingehend mit dem Nager beschäftigen, bevor er eine Diagnose

Missverständnisse beim Tierarztbesuch vermeiden

Damit der Tierarzt sich ein korrektes Bild von dem Patienten machen kann, sollten Sie ihm sein Alter, sein aktuelles und übliches Gewicht, die bisherige Krankengeschichte und schon verabreichte Medikamente mitteilen.

Schreiben Sie sich genau die Diagnose und deren Bedeutung auf, notieren Sie sich die Medikamente und wie Sie diese verabreichen sollen und bitten Sie um genaue Anweisung, wie der Hamster gepflegt werden muss, wann der nächste Tierarzttermin ansteht und wann es Ihrem Hamster voraussichtlich besser geht.

Wichtig: Fragen Sie nach, wenn Sie etwas nicht verstanden haben!

stellt. Diese wird Ihnen genauso erläutert wie die verabreichten Medikamente, der weitere Behandlungsverlauf und die Heilungschancen.

Krankenpflege

Das Beste, was Sie für den Patienten tun können, ist sich genau an die Behandlungsanweisung des Tierarztes zu halten. Dieser wird Ihnen sagen, ob der Hamster Vitamine oder andere Zusätze, eine besondere Nahrung, Wärme oder eine andere Käfigeinrichtung benötigt.

→ Medikamente eingeben

Braucht Ihr Hamster Medikamente, müssen Sie unter Umständen schon Einfallsreichtum beweisen, um diese zu verabreichen.

Hamster überlisten

- Klein geriebene Tabletten und Tropfen können mit etwas Apfelmus oder Fruchtsaft vermischt werden und dann eingegeben werde.
- Lässt er sich trotzdem nicht von der Notwendigkeit überzeugen, geben Sie das Medikament mit Flüssigkeit verdünnt mit einer kleinen Spritze ohne Nadel direkt ins Mäulchen.
- Weniger sinnvoll ist es, Tropfen und Pulver über das Futter zu streuen oder das Wasser zu verabreichen, denn bei dieser Methode können Sie die Menge der aufgenommenen Arznei nur schwer kontrollieren.

Getrocknete Ringelblume ist eine gesunde und leckere Ergänzung des Speiseplans.

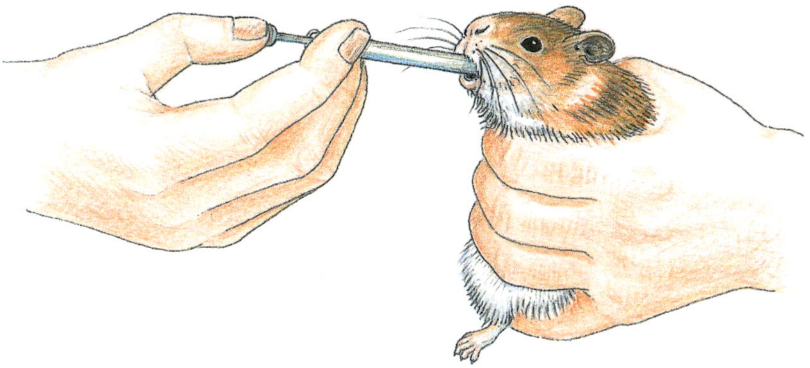

Wenn der kranke Hamster Medikamente nicht nimmt oder gepäppelt werden muss, können ihm diese mit einer Spritze ohne Nadel vorsichtig eingeflößt werden.

→ Krankenkost

Verweigert der kranke Hamster sein Futter, müssen Sie ihn künstlich ernähren, damit er bei Kräften bleibt. Dies sollte aber nicht leichtfertig gemacht werden, da es für den kleinen Kerl sehr stressig ist.

Zerkleinern Sie dazu das gewohnte Futter in einem Mörser oder einer Mühle und mischen Sie es mit Wasser, Kamillentee oder zuckerfreiem Früchtebrei. Eingegeben wird es mit einer Spritze ohne Nadel. Noch schlimmer ist es, wenn der Hamster nicht mehr trinkt, dann müssen Sie ihm das Wasser mit der Spritze ohne Nadel direkt eingeben.

→ Rotlicht

Hat der Tierarzt Ihrem Patienten Wärme verordnet, können Sie eine handelsübliche Rotlichtlampe über den Käfig hängen. Achten Sie darauf, dass diese etwa einen Meter vom Gehege entfernt angebracht wird und bestrahlen Sie nur einen Teil des Käfigs. So wird es dem Hamster nicht zu heiß und er kann sich in den unbestrahlten Bereich zurückziehen, wenn ihm danach ist.

Nachwuchs

Eine Hamsterdame zu beobachten, wie sie ihre Jungen aufzieht, ist ein unvergleichliches Erlebnis. Es kann das pralle Leben im Zeitraffer bieten, von rührseligen Momenten bis hin zu herzzerreißenden Tragödien.

Gut überlegen

Hamsterbabys sind unglaublich niedlich – und kommen meist völlig unerwartet. Plötzlich hören Sie aus dem Nest ein leises Fiepen und bei genauerer Untersuchung stellt sich der vor einer Woche gekaufte Hamstermann als eine Hamsterdame dar, die nun fünf nackte Winzlinge säugt (Seite 27). So läuft es nicht selten ab, manchmal haben aber auch Kinder ihre Hamster miteinander „spielen" lassen und freuen sich über den Familienzuwachs. Vielleicht haben Sie sich auch dazu entschlossen, mit Ihrem pelzigen Hausgenossen zu züchten. Hamster sind frühreife Gesellen und können schon mit rund vier Wochen (Seite 13) für Nachwuchs sorgen. Das ist in den meisten Fällen aber noch viel zu früh, die Weibchen haben ihre körperliche Entwicklung noch nicht abgeschlossen und sind mit der Aufzucht der Babys überfordert. Erst ab einem Alter von vier Monaten sollten sie deswegen Elternfreuden erleben dürfen. Selbstverständlich sollte auch nur mit gesunden Tieren gezüchtet werden.

Vorher beachten

Bevor Sie die Entscheidung treffen, das Heranwachsen von Hamsternachwuchs zu begleiten, sollten Sie sich folgende Fragen stellen:

Besitze ich genügend Fachkenntnisse?

Wer Hamster züchten möchte, muss über fundierte Kenntnisse der Erblehre und Erbveranlagungen der Rassen verfügen. Die Gene, die für bestimmte Farben, Zeichnungen oder Haarvarianten zuständig sind, können auch Einfluss auf die Organbildung der Tiere haben. Einige Genkombinationen können sogar zu Missbildungen und Totgeburten führen, wenn sie von beiden Eltern an die Jungen weitergegeben werden, man nennt das den Letalfaktor. Aus diesem Grund sollte man nur mit rassereinen Hamstern züchten, deren Erbanlagen bekannt sind. So läuft man nicht Gefahr, zwei Träger des Letalfaktors miteinander zu verpaaren – denn dieser Faktor kann auch „versteckt" vorhanden sein. Grundsätzlich sollte ein Zuchtpaar immer aus Tieren einer Art bestehen und nicht der Versuch unternommen werden, zwei Arten zu kreuzen.

Habe ich genug Platz?

Mit spätestens zwei Monaten werden die Jungtiere nicht mehr so ohne Weiteres von den Eltern geduldet

Rechte Seite: Vorsicht, der Hamster könnte herunterfallen.

Bei der Zucht muss man darauf achten, nicht zwei Träger des Letalfaktors miteinander zu verpaaren.

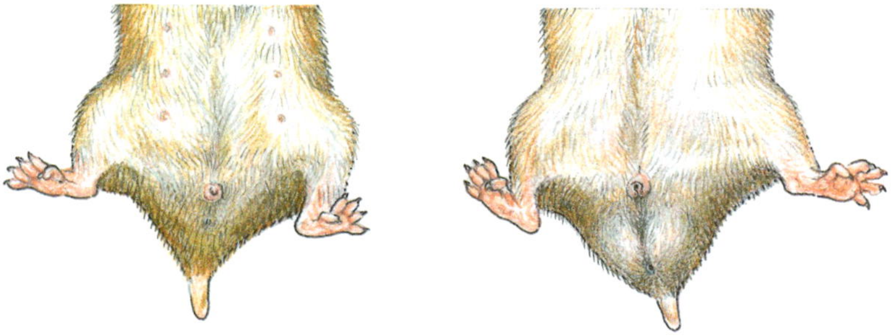

Mit vier Wochen ist die Trennung der Jungen nach Geschlechtern angesagt: Bei jungen Hamstern ist das allerdings schwerer zu erkennen als bei diesen erwachsenen Tieren hier. Beim Männchen (rechts) ist der Abstand zwischen After und der Geschlechtsöffnung größer und die Hoden sind schon etwas zu erkennen, beim Weibchen (links) sehen Sie bereits zwei Zitzenreihen.

und müssen dann in eigene, große Gehege umziehen. Besser ist es, die Tiere im Alter von vier Wochen nach Geschlechtern getrennt unterzubringen, sonst lässt die nächste Trächtigkeit nicht lange auf sich warten und Sie müssen bald mehrere Dutzend junge Hamster betreuen – besser auch die Eltern trennen.

Werde ich alle Jungtiere vermitteln können?

Nicht immer finden sich ausreichend Interessenten für die Jungtiere. Sie müssen also einplanen, einige von ihnen zu behalten. Machen Sie sich deshalb Gedanken darüber, ob Sie so viele Gehege in Ihrer Wohnung unterbringen können.

Studieren vor dem Probieren

Ganz bewusst verzichte ich in diesem Buch auf einen Einstieg in die Vererbungslehre, denn ich möchte keine Kurzanleitung zur Zucht geben. Wer sich der Herausforderung Hamsterzucht stellen möchte, sollte sich vorher mit guter Literatur eindecken, diese eingehend studieren und sich mit seinem Tierarzt und anderen Hamsterzüchtern intensiv austauschen.

Statt Kinderwagen: Die Mutter trägt die Kleinen in ein anderes Nest, wenn Gefahr droht.

Paarung

Alle vier Tage ist die Hamsterdame paarungsbereit, dann können Sie sie in das Gehege des Männchens setzen. Das Weibchen signalisiert seinem Partner durch ihren Duft und Ultraschallrufe, dass die „Hochzeit" beginnen kann: Das Männchen animiert sie dazu, den Rücken durchzubiegen und den Po und das Schwänzchen zu heben, damit er sie begatten kann. Nachdem das Männchen 50 bis 80-mal aufgeritten ist, möchte das Weibchen wieder seine Ruhe haben. Einzelgänger sollten dann getrennt werden. Bei Gruppenhaltung sollten Sie nun zusätzliche Schlafhäuschen anbieten, damit die Tiere sich bei Bedarf aus dem Weg gehen können.

Trächtigkeit und Geburt

Einen Schwangerschaftstest gibt es für Hamster nicht. Eventuell stellen Sie fest, dass das Weibchen vermehrt an seinem Nest baut, mehr Futter sammelt und auch etwas mehr frisst – nicht selten haben Sie aber erst Gewissheit, wenn die Jungen schon geboren sind. 80 Prozent aller Geburten finden während der Ruhezeit am Tag statt, damit die Mutter all ihre Kraft dafür aufwenden kann.

Bei Goldhamstern dauert die Trächtigkeit etwa 16 Tage, bei Zwerghamstern 19 bis 22 Tage (siehe Seite 13), durchschnittlich werden vier bis fünf Junge geboren. Nicht immer läuft die Entbindung komplikationslos ab. Wenn Sie die Geburt beobachten können und feststellen, dass es Probleme gibt, müssen Sie das Weibchen schnellstens zum Tierarzt bringen.

Haben Sie Verständnis für die junge Mutter, wenn sie nach der Geburt mürrisch oder sogar aggressiv reagiert, schließlich muss sie ihren Nachwuchs verteidigen. Sie braucht jetzt viel Ruhe. Deswegen sollten Sie das Gehege kurz, spätestens zwei Tage vor dem errechneten Geburtstermin noch einmal reinigen und dann erst wieder, wenn die kleinen „flügge“ werden und ihre ersten Ausflüge unternehmen. Auch bei einer unerwarteten Geburt sollten Sie solange mit dem „Großreinemachen“ warten.

Bis dahin müssen Sie sich darauf beschränken, den Toilettenplatz sauber zu halten und gelegentlich einen kurzen Kontrollblick in das Nest zu werfen, um eventuell tote Jungtiere zu entfernen.

→ **Wichtig:** Die Hamstermutter hat nun einen sehr hohen Eiweiß- und Vitaminbedarf. Gerade Proteinmangel kann dazu führen, dass das Weibchen seine Jungen frisst, auch Störungen durch äußere Einflüsse können bei Hamstern Kannibalismus verursachen.

Vaterfreuden

Einige Zwerghamstermännchen kümmern sich direkt nach der Geburt rührend um ihre Sprösslinge. Besonders engagieren sich zum Beispiel die Campbell Zwerghamster-Väter, die sogar als Hebamme helfen, wie kanadische Wissenschaftler entdeckten. Sie helfen den Kleinen aus dem Geburtskanal, befreien sie aus der Fruchtblase und machen ihre Atemwege frei.

Der Grund dieses Verhaltens liegt darin, dass Campbell-Männchen im Zeitraum der Geburt ähnliche Hormonveränderungen wie die Hamstermütter haben.

Aufzucht

Die Hamsterbabys sind Nesthocker und kommen völlig blind, taub und nackt zur Welt und können sich nur durch ihren Tast- und Geruchssinn orientieren, der ihnen hilft, die Zitzen zu finden. Sie wiegen zwischen ein und zwei Gramm und ihr angeborener Instinkt verhindert, dass sie sich zu weit vom Nest entfernen. Ist das doch einmal der Fall, nimmt die Mutter die kleinen Krabbler beherzt ins Maul und trägt sie zurück zu den anderen. Sie sind vollkommen von der Fürsorge der Mutter abhängig, werden von ihr gesäugt und ernähren sich von ihrem Blinddarmkot, der sie mit wichtigen Vitaminen versorgt.

Nach **fünf Tagen** wachsen die ersten Haare, die wie ein zarter Flaum aussehen. Nun können sie auch erste Geräusche hören und nach **einer Woche** schon die ersten Kleinsämereien fressen (Seite 64), platzieren Sie diese in der Nähe der Kinderstube.

Mit **zwei Wochen** öffnen sich die Augen, die Kleinen fangen an, ihre Backentaschen zu nutzen und putzen sich schon eifrig. Nun werden auch die ersten Erkundungstouren in die nähere Umgebung unternommen und die körperliche Fitness im ausgelassen aber noch etwas unbeholfenen Spiel mit den Geschwistern erprobt.

Bereits mit **drei Wochen** wird der Nachwuchs von Mutters Milchquelle entwöhnt und es beginnt die Zeit der Selbstständigkeit. Raufereien und erste Revierkämpfe können sich einstellen und mit spätestens **vier Wochen** ist es aus mit der Familienidylle und die Jungen müssen in eigene Ge-

hege umsiedeln, am besten nach Geschlechtern getrennt.

Mit **fünf bis sechs Wochen** können Sie abgegeben werden, die Mutter ist nun wieder paarungsbereit, sollte aber nicht direkt wieder trächtig werden, da sie dies zu sehr schwächen würde.

Blieben die Kleinen nun zusammen, könnte sich bei ihnen bereits Nachwuchs einstellen oder aus anfänglichen "Testkämpfen" unter "Halbstarken" könnten sich ernsthafte Streitigkeiten entwickeln, die für die einzelnen Tiere großer Stress wären. Schwächere Tiere könnten sich dabei sogar schlimme Verletzungen zufügen, erheblich unter dem Mobbing leiden und schlimmstenfalls an den Folgen sterben.

Kampfsouvenirs

Kontrollieren Sie ab der vierten Woche bei den heranwachsenden Hamsterkindern täglich, ob eines der Kleinen eine Verletzung hat. Auch Kerben und Löcher in den Ohren deuten darauf hin, dass Kämpfe stattgefunden haben.

Mit fünf bis sechs Wochen kann der Nachwuchs, wie dieser Schecke, in gute Hände vermittelt werden.

Hamster*quiz*

Testen Sie doch einmal Ihr Wissen über die quirligen Nager. Mit diesem Quiz ist das kinderleicht. Die Auflösung gibt es auf Seite 88.

Fragen

(Wenn Sie mehr zu den Themen wissen wollen, können Sie dies auf den angegebenen Seiten nachlesen)

1. Wo sind Goldhamster beheimatet (Seite 8)?
a) Alpina
b) Aleppo
c) Pepino

2. Wie lang ist das Schwänzchen des Chinesischen Streifenhamsters (Seite 10)?
a) 10 bis 15 mm
b) 15 bis 20 mm
c) 20 bis 25 mm

3. Welche Arten gehören zur Gattung *Phodopus* (Seite 13)?
a) *caengurus*, *camparicus* und *robowski*
b) *sungorus*, *campbelli* und *roborovskii*
c) *sungorus*, *auratus* und *griseus*

4. Womit markieren Hamster ihr Revier (Seite 14)?
a) Bauch- und Flankendrüsen
b) Schweißdrüsen
c) Afterdrüsen

5. Welche Zähne wachsen beim Hamster ständig nach (Seite 15)?
a) Backenzähne
b) Reißzähne
c) Schneidezähne

6. Wie viel passt in die Backentaschen (Seite 15)?
a) 10 g
b) 15 g
c) 20 g

7. Roborowski Zwerghamster sind... (Seite 23)?
a) ideale Kindertiere.
b) für Kinder meist geeignet.
c) für Kinder kaum geeignet.

8. Welche Hamster sind absolute Einzelgänger (Seite 23)?
a) Campbell Zwerghamster und Chinesische Streifenhamster
b) Dsungarische Zwerghamster und Goldhamster
c) Goldhamster und Chinesische Streifenhamster

9. Worauf müssen Sie beim Hamsterkauf u. a. achten (Seite 26)?
a) Die Hamster sind mindestens zwölf Wochen alt.
b) Die Hamster sind nach Geschlechtern getrennt untergebracht.
c) Die Hamster haben weiße Zähne.

10. Wie groß sollte ein Hamstergehege mindestens sein (Seite 30)?
a) 50 x 40 cm
b) 100 cm x 50 cm
c) 70 x 40 cm

11. Ab welcher Umgebungstemperatur können Goldhamster in Winterschlaf fallen (Seite 32)?
a) unter 10 °C
b) über 10 °C
c) über 12 °C

12. Welchen Durchmesser sollten die Eingänge des Schlafhäuschens haben (Seite 33)?
a) 5 cm für Goldhamster und 3 cm für Zwerghamster
b) 6 cm für Goldhamster und 4 cm für Zwerghamster
c) 7 cm für Goldhamster und 5 cm für Zwerghamster

13. Welchen Durchmesser sollte ein Laufrad für Goldhamster mindestens haben (Seite 36)?
a) 20 cm
b) 30 cm
c) 40 cm

14. Hamster lieben... (Seite 38)?
a) Hochhäuser.
b) Tunnel.
c) Pfützen.

15. Häufiges Wecken ist für Hamster... (Seite 45)
a) Stress.
b) Freude.
c) anregend.

16. Was sollten Sie beim Kontakt mit dem Hamster vermeiden (Seite 45)?
a) Eine neue Frisur zu tragen.
b) Ein intensives Parfum zu tragen.
c) Ein ungewohntes Outfit zu tragen.

17. Was ist für den Hamster beim Freilauf u. a. gefährlich (Seite 47)?
a) enge Ritzen und Spalten
b) Teppichboden
c) hohe Vasen

18. Wie kann man einen ausgebüxten Hamster wieder einfangen (Seite 48)?
a) Indem man ein Tuch über ihn wirft.
b) Indem man ihn mit dem Besen in den Käfig treibt.
c) Indem er mit Futter in einen weich ausgepolsterten Eimer gelockt wird.

19. Hamster buddeln gern in... (Seite 50)?
a) Erde
b) Geröll
c) Kies

20. Hamster bunkern Futter, um... (Seite 54)?
a) es mit anderen Hamstern zu teilen.
b) für "Notzeiten" Nahrung zu haben.
c) alles auf einmal zu verputzen.

21. Frei lebende Hamster...(Seite 57)
a) legen bei der Futtersuche weite Strecken zurück.
b) warten, bis das Futter in ihren Bau fällt.
c) sammeln ihr Futter nur im Nestbereich.

22. Wenn die Ohren des Hamsters umgeklappt sind, ist er...(Seite 58)?
a) auf Streit aus.
b) in Spiellaune.
c) noch ganz verschlafen.

23. Sonnenblumenkerne und Nüsse sollten... (Seite 62)
a) täglich in großen Mengen verfüttert werden.
b) sparsam verfüttert werden.
c) überhaupt nicht verfüttert werden.

24. Hamster brauchen Gemüse und Grünfutter... (Seite 68)
a) täglich.
b) einmal in der Woche.
c) gar nicht.

25. Weiße Zähne sind ein Zeichen von...(Seite 70)
a) toller Zahnhygiene.
b) Mangelerscheinungen
c) gutem körperlichen Befinden.

26. Wie oft muss das Hamsterheim komplett gereinigt werden (Seite 71)?
a) täglich
b) monatlich
c) wöchentlich

27. Was tun Sie, wenn der Hamster Krankheitsanzeichen zeigt (Seite 73)?
a) Ihn mit Hausmitteln versorgen.
b) Abwarten, ob die Beschwerden von allein abklingen.
c) Den Hamster vom Tierarzt untersuchen lassen.

28. Gitternagen wird verursacht durch... (Seite 76)?
a) Stress und Langeweile.
b) übermäßiges Futterangebot.
c) zu wenig Gesellschaft von Artgenossen.

29. In welchen Abständen sind weibliche Hamster paarungsbereit (Seite 83)?
a) Alle 2 Tage
b) Alle 4 Tage
c) Alle 6 Tage

30. Ab welchem Alter benutzen Hamsterbabys ihre Backentaschen (Seite 84)?
a) Mit einer Woche
b) Mit drei Wochen
c) Mit zwei Wochen

Verzeichnisse

Auflösung Hamsterquiz

1 b	11 a	21 a
2 c	12 c	22 c
3 b	13 b	23 b
4 a	14 b	24 a
5 c	15 a	25 b
6 c	16 b	26 b
7 c	17 a	27 c
8 c	18 c	28 a
9 b	19 a	29 b
10 b	20 b	30 c

Adressen

Nagerhilfe Osnabrück
Frau Christine Breitkopf
info@nager-info.de
www.hamsterhaltung.de

Zentralverband Deutscher Meerschweinchen und Nagervereine
Herrn Martin Mantel
Dr.-Ambundi-Str. 27
97437 Haßfurt
Tel./Fax: 0 95 21/14 30

Bundesarbeitsgruppe Kleinsäuger e.V.
im Schulzoo-Leipzig e.V.
Binzer Straße 14
04207 Leipzig
Tel/ Fax. 0 341 9403777
bag@schulzoo.de
www.bag-kleinsaeuger.de

Rassezuchtverband Österreichischer Kleintierzüchter
Geschäftsstelle:
Mollgasse 11 – 13
1180 Wien
www.kleintierzucht-roek.at

Tierärztliche Vereinigung für Tierschutz e. V. (TVT)
Geschäftsstelle:
Bramscher Allee 5
49565 Bramsche
www.tierschutz-tvt.de

Internetadressen

- www.biologie.uni-halle.de/zool/ general/index.html (Interessante Projekte und Infos vom Institut für Zoologie, Halle)
- www.hamsterhaltung.de (Ausführliche Hamster-Info-Seite der Nagerhilfe Osnabrück mit Forum und Chat)
- www.hamster-wissen.de (Nachschlagewerk für Hamsterfreunde)
- www.hamsterseiten.de (Viele interessante Infos rund um Hamster)
- www.hamsterinfo.de (ausführliche Hamsterinfos, auch zu Rassen, Grundinformationen Genetik)
- www.nagetiere-online.de (Kleinanzeigen und mehr)
- www.hamsterforum.de (Forum und nützliche Tipps)
- www.hamsterhilfe.org (Schutzprogramm für Hamster mit Forum)
- www.tierschutzvereine.de (Verzeichnis von Tierschutzvereinen und Tierheimen)
- www.tieraerzteverband.de (Bundesverband praktizierender Tierärzte)
- www.vetpharm.unizh.ch perldocs/toxsyqry.htm (Informationen rund um Vergiftungen beim Tier der Universität Zürich)
- www.meb.uni-bonn.de giftzentrale/pflanidx.html (Ausführliche Liste giftiger Pflanzen der Universität Bonn)

Literatur

Briemle, G.: Farbatlas Kräuter und Gräser in Feld und Wald. Ulmer Verlag, Stuttgart 1997.

Flint, W. E.: Die Zwerghamster der Paläarktischen Fauna. Ziemsen Verlag, Wittenberg 1966.

Gabrisch, K.: Krankheiten der Heimtiere. Schlütersche Verlagsanstalt, Hannover 1995.

Gattermann, R.: 70 Jahre Goldhamster in menschlicher Obhut – wie groß sind die

Unterschiede zu seinen wild lebenden Verwandten? Publiziert in: Tierlaboratorium 23: 86–99 (2000) (www.hamsterhaltung.de)
Gattermann, R.: Die Goldhamster-Story – Labortiere und Wildfänge im Vergleich. Publiziert in Wissenschaftsjournal der Universität Halle-Wittenberg 04/02, (www.biologie.uni-halle.de/fbr/ jour-402.pdf)
Honigs, S.: Zwerghamster. Natur und Tier Verlag, Münster 2003.
Kittel, R.: Der Goldhamster. Ziemsen Verlag, Wittenberg 1984.
Rodentia. Kleinsäuger-Fachmagazin, erscheint 6x jährlich. Natur und Tier Verlag, Münster.
Schmidt, G.: Hamster, Meerschweinchen, Mäuse. Ulmer Verlag, Stuttgart 1985.
Verhoef-Verhallen, E.: Kaninchen und Nagetiere Enzyklopädie. Nebel Verlag, Erlangen 2002.

Bildquellen

Juniors Bildarchiv: Seite 9 oben, 10, 11 rechts
Regina Kuhn fotodesign, Stuttgart, alle anderen Fotos im Innenteil und Titelfoto

Die Zeichnungen fertigte Christiane Gottschlich, Berlin

Haftung

Die in diesem Buch enthaltenen Empfehlungen und Angaben sind vom Autor mit großer Sorgfalt zusammengestellt und geprüft worden. Der Tierhalter sollte jedoch bedenken, dass er in eigener Verantwortung handelt. Der Autor und der Verlag übernehmen keinerlei Haftung für Schäden und Unfälle.

Register

Dank

Für Emma

Ich danke Herrn Professor Dr. Rolf Gattermann aus Halle, Frau Christine Breitkopf aus Osnabrück, der Tierärztin Steffi Hallack aus Weilburg, Ines Diehl aus Dillenburg und meinem Mann ganz herzlich für die Unterstützung bei der Erstellung dieses Buches. Weiterhin danke ich den Firmen Quiko in Bocholt und rodipet in Düsseldorf für die Bereitstellung von Zubehör.

Mein besonderer Dank gilt meinen Eltern, die mir die Liebe zu Tieren vermittelt und mich immer nach Kräften unterstützt haben.

Heike Schmidt-Röger

Der Verlag und die Fotografin danken folgenden Firmen für die freundliche Unterstützung der Fotoaufnahmen, indem sie einige der Hamstermodels und Requisiten zur Verfügung gestellt haben:

- Trixie Heimtierbedarf, Tarp
- Kölle Zoo, Stuttgart
- Bedburger Zoo- und Aquatreff, Bedburg
- Kräuterparadies Lindig, München Rodipet, Düsseldorf

Impressum

Bibliografische Information der Deutschen Bibliothek
Die Deutsche Bibliothek verzeichnet diese Publikation in der Deutschen Nationalbibliografie; detaillierte bibliografische Daten sind im Internet über http://dnb.ddb.de abrufbar.

ISBN 3-8001-4615-0

internet: www.ulmer.de
Printed in Germany
Lektorat: Dr. Eva-Maria Götz
Herstellung & DTP: Ulla Stammel
Druck: aprinta, Wemding
Verarbeitung: Oldenbourg Buchmanufaktur, Monheim

Hier erfahren Sie alles über Meerschweinchen.

Als Heimtiere lassen sich Meerschweinchen leicht pflegen. Der Autor berichtet in diesem Buch **unterhaltsam**, wo die Meerschweinchen herkommen, welche Bedeutung sie seit langer Zeit für die Menschen in ihrer Heimat haben und wie sie sich untereinander verständigen. Er informiert darüber, welche Rassen es gibt, wie man Meerschweinchen richtig auswählt, sie optimal füttert und versorgt, und wie man es ihnen mit einfachen Mitteln ermöglicht, sich richtig wohl zu fühlen. Das Buch macht auch Lust, ein geräumiges Gehege und einen Freilauf zu bauen und zum Meerschweinchen-Verhaltensforscher im Wohnzimmer zu werden.

Meerschweinchen.

Dietrich Altmann. 2004. 96 Seiten, 50 Farbfotos, geb. (Pp.).

ISBN 3-8001-4396-8.

Ulmer

Ganz nah dran.

47 der interessantesten Arten von Nagetieren.

In diesem Buch sind **47 der interessantesten Arten von Nagetieren** – von der Birkenmaus bis zum Ziesel – beschrieben, die bei den Tierliebhabern wie draußen in der Natur eine wichtige Rolle spielen.

Ob es um das Verhalten, die Lebensweise oder um besonders typische Eigenschaften geht, sowohl der Tierhalter als auch der beobachtende Naturfreund findet hier zu allen Fragen die notwendigen, **ausführlichen Informationen und Hinweise**.

Hamster, Meerschweinchen, Mäuse.
Günter Schmidt. 2., neu bearb. u. erw. Aufl. 1985. 252 Seiten, 55 Farbf., 25 Zeichn., zahlr. Tab., geb. (Pp.). ISBN 3-8001-7147-3.

Änderungen und Irrtümer vorbehalten.

Ganz nah dran. Ulmer